MEMÓRIAS DE UM ANO EM TERRAS MAUBERES
UMA MISSÃO NA ÁSIA

Editora Appris Ltda.
1.ª Edição - Copyright© 2022 do autor
Direitos de Edição Reservados à Editora Appris Ltda.

Nenhuma parte desta obra poderá ser utilizada indevidamente, sem estar de acordo com a Lei nº 9.610/98. Se incorreções forem encontradas, serão de exclusiva responsabilidade de seus organizadores. Foi realizado o Depósito Legal na Fundação Biblioteca Nacional, de acordo com as Leis nos 10.994, de 14/12/2004, e 12.192, de 14/01/2010.

Catalogação na Fonte
Elaborado por: Josefina A. S. Guedes
Bibliotecária CRB 9/870

V658m 2022	Vieira, Aureo Memórias de um ano em terras mauberes : uma missão na Ásia / Aureo Vieira - 1. ed. - Curitiba : Appris, 2022. 163 p. ; 21 cm. Inclui referências. ISBN 978-65-250-3353-2 1. Timor Leste – Descrições e viagens. I. Título. V. Série. CDD – 914

Editora e Livraria Appris Ltda.
Av. Manoel Ribas, 2265 – Mercês
Curitiba/PR – CEP: 80810-002
Tel. (41) 3156 - 4731
www.editoraappris.com.br

Printed in Brazil
Impresso no Brasil

Aureo Vieira

MEMÓRIAS DE UM ANO EM TERRAS MAUBERES
UMA MISSÃO NA ÁSIA

FICHA TÉCNICA

EDITORIAL
Augusto V. de A. Coelho
Marli Caetano
Sara C. de Andrade Coelho

COMITÊ EDITORIAL
Andréa Barbosa Gouveia (UFPR)
Jacques de Lima Ferreira (UP)
Marilda Aparecida Behrens (PUCPR)
Ana El Achkar (UNIVERSO/RJ)
Conrado Moreira Mendes (PUC-MG)
Eliete Correia dos Santos (UEPB)
Fabiano Santos (UERJ/IESP)
Francinete Fernandes de Sousa (UEPB)
Francisco Carlos Duarte (PUCPR)
Francisco de Assis (Fiam-Faam, SP, Brasil)
Juliana Reichert Assunção Tonelli (UEL)
Maria Aparecida Barbosa (USP)
Maria Helena Zamora (PUC-Rio)
Maria Margarida de Andrade (Umack)
Roque Ismael da Costa Güllich (UFFS)
Toni Reis (UFPR)
Valdomiro de Oliveira (UFPR)
Valério Brusamolin (IFPR)

SUPERVISOR DA PRODUÇÃO
Renata Cristina Lopes Miccelli

ASSESSORIA EDITORIAL
Manuella Marquetti

REVISÃO
Andréa L. Ilha

PRODUÇÃO EDITORIAL
William Rodrigues

DIAGRAMAÇÃO
Jhonny Alves dos Reis

CAPA
Eneo Lage

COMUNICAÇÃO
Carlos Eduardo Pereira
Karla Pipolo Olegário
Kananda Maria Costa Ferreira
Cristiane Santos Gomes

LANÇAMENTOS E EVENTOS
Sara B. Santos Ribeiro Alves

LIVRARIAS
Estevão Misael
Mateus Mariano Bandeira

GERÊNCIA DE FINANÇAS
Selma Maria Fernandes do Valle

*Dedico cada palavra do meu livro ao povo guerreiro e sofrido do Timor-Leste,
a quem tributo toda minha gratidão pelo aprendizado e pela experiência
vividos no tempo que lá estive.*

AGRADECIMENTOS

Meus agradecimentos principais são para o meu Senhor e Deus, que sempre me deu saúde e paz para jamais desanimar diante das dificuldades. À minha esposa, Raquel, e às minhas filhas, Sarah, Geovana e Daniela, que sempre estiveram e estão ao meu lado, provendo-me o suporte necessário, eu agradeço com um pulsante coração.

PREFÁCIO

Ao aceitar, em 2009, a função de oficial de ligação, na estrutura da missão das Nações Unidas em Timor-Leste (UNMIT), o coronel Aureo R. Vieira da Silva ganhou lugar na bem-sucedida intervenção empreendida pela organização, em um país que tanto lutou para alcançar e consolidar seu processo de independência. A missão foi alvissareira, como experiência profissional e de aprendizagem sobre o mais distante membro da Comunidade dos Países de Língua Portuguesa (CPLP), sobre o qual a maioria dos brasileiros têm muito a conhecer.

Creio, pois, ser bastante oportuna e relevante a iniciativa do coronel Aureo de escrever o presente livro, o qual bem retrata as circunstâncias históricas e sociais do povo timorense, bem como as limitações impostas pela geografia à integração de seus 13 distritos (hoje, municipalidades), para conformar uma nação moderna e melhor aproveitar seus recursos naturais.

É forçoso reconhecer que a modernização e o desenvolvimento alcançados durante o período colonial ficaram aquém do necessário para assegurar um bom nível de vida aos timorenses. Assim, ao declarar unilateralmente sua independência, em 28 de novembro de 1975, aproveitando a ocasião oferecida pela saída de Portugal de suas colônias, na esteira da Revolução dos Cravos, de abril de 1974, o Timor-Leste buscava realizar o sonho acalentado por muitos patriotas de gerir seu próprio destino e melhor promover sua prosperidade e o bem-estar de seus habitantes. Entretanto, o povo Maubere, como eram designados os habitantes desse pequeno território, teve de enfrentar grave ameaça ao sonho de viver em uma nação soberana, ao sofrer, em 7 de dezembro seguinte, a invasão das forças militares da Indonésia, um vizinho muito mais forte. Sob o olhar complacente de outros poderosos países, o povo timorense uniu-se para resistir à integração forçada ao seu vizinho na condição apenas mais uma de suas muitas províncias.

Na luta desigual que se seguiu, Timor-Leste viu desaparecer boa parte de sua população, vítima da violência do conflito como também da situação de penúria que se instaurou no país. Perdeu quadros e perdeu líderes, como Nicolau Lobato, primeiro comandante das Forças Armadas de Libertação de Timor-Leste (Falintil). Mesmo sem ter as condições militares para expulsar o invasor e recuperar sua autonomia, as lideranças timorenses fizeram valer o recurso ao patriotismo de seus cidadãos, bem como a solidariedade de seus amigos em alguns países, para manter a resistência aos indonésios. Adotaram como lema "A luta continua", grito de guerra que animou a brava gente timorense a resistir, durante 24 anos, à consolidação do controle de seus destinos pelo país vizinho.

Muitos episódios dolorosos foram vividos pelo povo Maubere até que o mundo tivesse conhecimento de atos de extrema violência por parte dos ocupantes do Timor, e ganhasse consciência do caráter arbitrário de sua presença no país. A visita do Papa João Paulo II a essa nação predominantemente católica, em 12 de outubro 1989; a divulgação pela mídia internacional de vídeo com imagens do massacre de estudantes do Cemitério de Santa Cruz, em Díli, em 1991; a repercussão da prisão e da remoção para a Indonésia de Xanana Gusmão, que herdou de Nicolau Lobato o comando das Falintil; e a concessão do Prêmio Nobel da Paz, conjuntamente, ao líder da Igreja Católica José Ximenes Belo, bispo de Díli, e ao encarregado das relações diplomáticas dos rebeldes timorenses no exílio José Ramos Horta, em 1996, são marcos dessa evolução da percepção internacional da questão do Timor, como lembrado neste livro.

A própria evolução da política interna da Indonésia, com o afastamento do presidente Suharto, em 1998, após 31 anos no poder, bem como os efeitos da crise econômica mundial iniciada na Ásia, em 1997, deram aos indonésios o estímulo para repensarem o custo econômico e político de sua presença em Timor-Leste.

Porém, a solução do conflito somente seria alcançada com a decisiva manifestação da solidariedade internacional. Com o apoio de Portugal, potência colonizadora, cujos direitos sobre Timor-Leste a ONU reconhecia, e de outros países amigos e de personalidades influentes no cenário mundial, foram promovidas negociações que convenceram o governo indonésio a reconhecer que a firme resistência dos patriotas timorenses à incorporação de seu país ao vizinho demonstrava a conveniência de se dar solução política à questão. Em consequência dos entendimentos promovidos pela ONU, os governos da Indonésia e de Portugal e as lideranças timorenses aprovaram a realização de um referendo em que o povo Maubere pudesse manifestar livremente sua preferência entre a integração como província da Indonésia ou a independência.

Para organizar o referendo, a ONU se fez presente pela primeira vez no território timorense, enviando ao país a Missão das Nações Unidas em Timor-Leste (Unamet), criada por Resolução do Conselho de Segurança, em 1 de junho de 1999.

O resultado dessa consulta popular, realizada em 30 de agosto de 1999, foi inequívoco — e Timor-Leste, pelo voto da maioria absoluta de seus cidadãos, decidiu pela independência. Assim o fez, mesmo ao custo de enfrentar uma onda de violência e destruição de que participaram integrantes de milícias favoráveis à integração ao poderoso vizinho indonésio. Tal situação, ecoando episódios condenáveis que ensanguentaram o pequeno Timor-Leste por mais de duas décadas, bem ilustrou a dolorosa realidade da divisão interna e de lutas fratricidas que amplificaram o sofrimento, a destruição e as perdas em vidas humanas resultantes dos 24 anos de luta pela restauração da independência, proclamada em 1975.

Para cuidar da grave situação humanitária e controlar os abusos na área da segurança, em conformidade com resoluções da ONU, foi organizada e comandada pela Austrália a Força Internacional para Timor-Leste (Interfet). Essa esteve presente no país de 20 de setembro de 1999 até fevereiro de 2000, quando chegaram forças de paz da ONU, logrando a trégua no enfrentamento entre os timorenses e as forças indonésias e seus apoiadores.

O Brasil se juntou a esse esforço de pacificação e enviou importante contingente de militares para integrar essa iniciativa da comunidade internacional. Finalmente, os bravos timorenses puderam assistir à total retirada das forças indonésias de seu território, o que viabilizou o retorno dos líderes presos ou exilados no exterior.

Começava, então, o desafio de reorganização da vida política, da economia, das instituições de governança, da infraestrutura, de tudo, enfim, que compõe uma nação moderna, que apenas existia no sonho de visionários como Kay Rala Xanana Gusmão, o líder da resistência armada, manto que herdou de Nicolau Lobato; de Mari Alkatiri, líder do Partido Fretilin, que proclamou a independência em 1975; e de José Ramos Horta, o embaixador da causa timorense durante o período de luta.

O coronel Aureo bem retrata, em seu livro, o papel central desempenhado pela ONU para a concretização do sonho de independência do povo Maubere. Com o envio de missão designada como Administração de Transição das Nações Unidas no Timor-Leste (UNTAET), composta por numerosos especialistas de suas agências e recrutados nos países-membros, apoiados com os recursos necessários, a Organização desempenhou papel central no esforço internacional para viabilizar a transição de um heroico enfrentamento para as etapas de estruturação de um novo Estado e a promoção do desenvolvimento econômico e social almejado pelos timorenses.

Diante da precária situação econômica e social do país e da inexistência de uma estrutura de governo, a UNTAET recebeu o mandato para conduzir os destinos do país, em coordenação com suas lideranças, na criação de instituições do Estado e de sua organização política e legislativa.

O representante especial enviado pela ONU para chefiar a operação, o brasileiro Sérgio Vieira de Mello, e os principais líderes da luta pela independência — Mari Alkatiri, Kay Rala Xanana Gusmão e José Ramos Horta — souberam conduzir, com pragmatismo e clara visão, a complexa tarefa de criar a nação timorense: estruturar órgãos de governança e eleger uma assembleia constitucional (em que o partido Fretilin elegeu maioria absoluta de parlamentares) e com poderes para elaborar e adotar a Constituição do novo país.

E, ainda, organizaram a eleição presidencial, realizada em abril de 2002, em que Xanana Gusmão saiu vitorioso, tornando-se o primeiro presidente do novo membro da comunidade internacional. O primeiro governo constitucional foi formado, com Mari Alkatiri no cargo de primeiro-ministro e José Ramos Horta como ministro das Relações Exteriores.

Em 20 de maio do mesmo ano, com a declaração da Restauração da Independência de Timor-Leste, a fase de transição — obra de gigantes, para a qual inexistia precedente na história da ONU — estava completada, e o povo timorense pôde convidar a comunidade internacional para a festa de comemoração do advento da primeira nação independente surgida no século XXI, inclusive a Indonésia, com quem o novo país buscou a reconciliação, reconhecendo o imperativo de manter amistosas relações com o seu grande vizinho, fadado a ser seu principal parceiro no comércio, na educação e em tantas áreas de interesse comum.

Naturalmente, havia fragilidades nas instituições do governo, carência de quadros capacitados e sérias dificuldades materiais a superar na reconstrução do país, após tantos anos de conflito e a destruição de infraestruturas. Também prevaleciam divisões internas, que viriam a causar crises políticas e mesmo enfrentamentos entre os militares das duas forças criadas no país: as Falintil-Forças de Defesa de Timor-Leste (FDTL) e a Polícia Nacional de Timor-Leste (PNTL). Para reforçar a capacidade de atuação, levaram o governo timorense e a ONU a renovar com a missão UNMISET a cooperação prestada ao processo de reconstrução e desenvolvimento do país. O oferecimento de assistência humanitária, o apoio na reestruturação do Estado e a formação de quadros foram os principais eixos da atuação da organização.

Muitos países, a exemplo do Brasil, vieram somar forças no oferecimento da ajuda necessária para a difícil tarefa com que se defrontaram os bravos timorenses. Os vizinhos Austrália, Nova Zelândia, Japão, Malásia, Singapura e Filipinas fizeram-se presentes. A União Europeia tornou-se um dos principais parceiros.

Instituições multilaterais, como o Banco Mundial, e também inúmeras organizações não governamentais igualmente agregaram recursos humanos, experiência e recursos financeiros em fundos de apoio à consolidação do Timor-Leste independente.

A UNMISET encerrou seu mandato em 2005 e foi substituída pela missão UNOTIL, que deveria assegurar a continuidade do apoio da ONU, inclusive no treinamento de forças policiais timorenses, até maio de 2006. Entretanto, como descreve o coronel Aureo, a deterioração da situação de segurança, culminando no choque armado entre militares e policiais, e a séria crise social, ilustrada pelo surgimento de grupos de refugiados internos (IDP) que vieram buscar proteção em Díli e outros centros, abrigando-se junto a igrejas e escolas bem como praças públicas, tornaram necessária a organização de nova missão, a UNMIT.

Nessa que seria a última missão da ONU, destacou-se a participação do contingente multinacional de policiais militares (UNPOL), com o apoio de unidades das forças militares da Austrália, da Nova Zelândia, da Malásia e de Portugal, que foi essencial para estabilização da segurança interna. Ademais de atuar no policiamento do país junto às forças policiais timorenses, os integrantes da UNPOL realizaram projeto de capacitação dos integrantes da PNTL, habilitando-os a assumir plenamente, em 2012, seu papel na garantia da segurança interna de Timor-Leste.

Além de enviar oficiais militares para a função de oficial de ligação, caso do coronel Aureo (que chegou a Díli em 2008), o Brasil contribuiu para a UNPOL enviando grupos de policiais, que chegaram a somar o número máximo de 22 integrantes.

Avalio que a participação do coronel Aureo e de seus colegas de farda bem como das forças policiais brasileiras, nas atividades da ONU ligadas à consolidação da segurança de Timor-Leste, foi um componente muito importante da cooperação que o Brasil prestou a esse país-irmão, do qual somos muito próximos devido à herança colonial compartilhada. As lideranças políticas do país sempre sustentaram sua condição de país lusófono, fator de diferenciação em relação ao povo indonésio e argumento contra a absorção pela sociedade do país vizinho. A integração à Comunidade dos Países de Língua Portuguesa (CPLP) era um objetivo das lideranças timorenses. No Brasil, visto como o "irmão grande" nesse grupo de países, os líderes timorenses depositaram a esperança de apoio substancial a seu projeto de construção nacional.

O Brasil deu resposta muito concreta às expectativas dos irmãos timorenses. Antes mesmo da Restauração da Independência, o Brasil iniciou entendimentos com as lideranças timorenses para a realização de atividades de cooperação técnica bilateral. Missão da Agência Brasileira de Cooperação (ABC), do Ministério das Relações Exteriores do Brasil, visitou o país em 1999 e chegou a acordo com o lado timorense para realizar projetos em áreas prioritárias para a reconstrução nacional, como eram a formação e o treinamento de pessoal, a educação, a reintrodução da língua portuguesa e a estruturação da Justiça.

Um dos principais projetos de cooperação bilateral, iniciado em 2001, foi intitulado "Desenvolvimento Empresarial, Formação Profissional e Promoção Social em Timor-Leste". Com o apoio financeiro da ABC e a execução a cargo do Serviço Nacional de Aprendizagem Industrial (Senai), do Brasil, e da Secretaria de Estado da Formação Profissional e Emprego (Sefope), de Timor-Leste, esse projeto trouxe importante contribuição para a capacitação profissional de jovens timorenses. O Centro de Formação Profissional Brasil-Timor-Leste, estabelecido no Distrito de Becora, em Díli, o qual foi transferido para o governo timorense em julho de 2014, tornou-se referência, no país, ao oferecer formação profissional de qualidade internacional a mais de 3 mil timorenses, nas áreas de carpintaria, costura industrial, eletricidade predial, hidráulica, informática, marcenaria, construção, panificação e confeitaria. Novos cursos vieram atender mudanças na qualidade de vida dos timorenses, como a mecânica de motos. As mulheres representaram mais de 51% dos beneficiários dos treinamentos oferecidos.

Na área de educação, a que as lideranças timorenses atribuíam alta prioridade para a promoção do desenvolvimento nacional, o objetivo era viabilizar a reintrodução da língua portuguesa, cuja utilização fora proibida durante os 25 anos de ocupação do país pela Indonésia. A tarefa, em que a cooperação brasileira e a cooperação portuguesa atuaram lado a lado, enfrentou enormes obstáculos, diante da realidade de que, além de 95% das escolas terem sido danificadas durante a luta, não havia o material didático necessário e os professores haviam sido treinados e utilizados para o ensino da língua indonésia. Sob a coordenação da ABC, pelo lado brasileiro, foi iniciada, em 2005, a execução do Programa de Qualificação de Docentes e Ensino da Língua Portuguesa em Timor-Leste, com o apoio da Coordenação de Aperfeiçoamento de Pessoal de Nível Superior (Capes) do Ministério da Educação do Brasil, em parceria com o Ministério da Educação e Cultura de Timor-Leste. Com a participação de até 50 professores brasileiros em cada etapa, o programa incluiu quatro projetos:

1 – Capacitação de Professores de Educação Pré-Secundária e Secundária (ProCapes), objetivando proporcionar aos professores timorenses tanto o treinamento pedagógico de que necessitavam quanto o material didático, em língua portuguesa, para viabilizar a utilização do português como língua de ensino, como previsto na lei. Em paralelo, os professores brasileiros atuantes nesse projeto apoiaram a execução do Projeto Bacharelado de Emergência, da Cooperação Portuguesa, tendo a responsabilidade de ministrar disciplinas das áreas de Ciências e de Matemática.

2 – Ensino de Língua Portuguesa Instrumental (ELI), no qual foram oferecidos a professores e funcionários da administração da Universidade Nacional Timor Lorosa'e (UNTL) bem como de diversos órgãos da Administração Pública do país conhecimentos teóricos e prática orientada de conversação em língua portuguesa, a fim de propiciar o nível de fluência, nesse idioma oficial, necessário ao desempenho de suas funções.

3 – Implantação da Pós-Graduação na Universidade Nacional Timor Lorosa'e (PG-UNTL), com vistas a planejar e implemen-

tar um curso de especialização em Educação e um mestrado. O mestrado teria duas áreas de concentração: Administração e Gestão Educacional e Ensino-Aprendizagem em Ciências e Matemática. Assinale-se que a participação no curso de mestrado seria precedida de formação em um curso de pós-graduação *lato sensu*, iniciado em 2007, uma iniciativa pioneira, sendo esse o primeiro curso de especialização implantado em Timor-Leste.

4 – Formação de Professores em Exercício na Escola Primária de Timor-Leste (Profep), iniciativa que teve como ponto de partida a experiência brasileira com o Programa de Formação de Professores (Proformação). Esse projeto proporcionou aos professores sem habilitação o domínio dos conteúdos do ensino médio (equivalente à escola secundária em Timor-Leste) e a formação pedagógica, com vistas à melhoria da qualidade do ensino e à prática docente. Os professores brasileiros trabalharam junto a uma equipe de professores timorenses, os quais seriam os tutores responsáveis pela multiplicação e pela continuidade das ações desse projeto.

O valor e o significado dessa cooperação, que também compreendeu atividades de alfabetização comunitária e de ensino a distância, foi motivo de reconhecimento pelas autoridades timorenses, muito conscientes da necessidade de propiciar às novas gerações o benefício da educação e afirmar o caráter lusófono da formação de Timor-Leste.

Também deve ser lembrada a cooperação bilateral no setor de Justiça, a qual trouxe importante contribuição de profissionais brasileiros para a estruturação de um setor fundamental para o estabelecimento do Estado Democrático de Direito, sonhado pelos heróis da libertação e pelos cidadãos timorenses. Juízes, promotores e defensores públicos brasileiros foram enviados a Timor-Leste para sanar a carência de cidadãos timorenses habilitados a ocupar essas funções. Além de seu trabalho específico, os profissionais brasileiros transferiram experiência e participaram de programas de treinamento para oferecer, aos nacionais do país, a formação necessária para assumirem plenamente responsabilidades do Judiciário, do Ministério Público e da Defensoria Pública. Também permitiu consolidar no país o "Direito Civilista". Essa cooperação ocorreu por meio do acordo com o Programa das Nações Unidas para o Desenvolvimento (PNUD), e permitiu a designação de funcionários públicos pela parte brasileira (até quatro profissionais em cada etapa).

Nos 20 anos que se seguiram à Restauração da Independência de Timor-Leste, a cooperação bilateral se consolidou e se expandiu para outras áreas, tais como agricultura, segurança alimentar, administração, esportes e meio-ambiente, elevando-se a mais de uma centena o número de acordos bilaterais assinados para a realização de projetos.

Ao celebrarem, em 2012, o 12º aniversário da Restauração da Independência, as lideranças timorenses tinham consciência do quanto havia por fazer até a ser alcançado o nível de desenvolvimento econômico e social a que aspiravam. Não obstante, celebraram com entusiasmo o auspicioso fato de que, decorridos 500 anos da chegada dos descobridores portugueses a Timor-Leste, o povo Maubere exercia plenamente a gestão livre e soberana de seu destino. A solidariedade internacional, manifestada de forma louvável e alvissareira, dera a resposta correta aos anseios de soberania e autodeterminação de um país pequeno, em termos de território e população, mas enorme no plano do heroísmo e do desejo de independência.

O grito de guerra da resistência à integração forçada a Indonésia — "A luta continua!" — ecoou durante todo o período de derrotas e de enormes sacrifícios diante de um inimigo tão mais poderoso. Assim foi escrita uma história épica, para glória do indômito povo-irmão de Timor-Leste e dos heróis de sua libertação. Como bem lembra o inspirado Hino Nacional Timorense, "Pátria, Pátria".

Outras lições de exemplar valor podem ser recolhidas da saga de independência e reconstrução de Timor-Leste. O inspirado e perceptivo depoimento ora prestado pelo coronel Aureo traz contribuição valiosa e oportuna para o entendimento do honroso papel da solidariedade internacional na realização dos sonhos do povo timorense.

Ressalta a circunstância auspiciosa da existência do sistema das Nações Unidas, capaz de viabilizar, pela atuação direta e pelo exemplo catalisador, a ampla cooperação internacional de que Timor-Leste necessitou para se tornar uma nação livre.

Tive o privilégio de ser testemunha do zelo missionário demonstrado por profissionais, recrutados ou cedidos por tantos países, executando, com extrema dedicação, suas funções, mesmo em condições, por vezes, desafiadoras.

A comunidade internacional saiu engrandecida de sua atuação em Timor-Leste. Temos consciência de que oportunidades existem para que esse sentimento de fraternidade se manifeste, à luz da permanência de difíceis obstáculos para o desenvolvimento econômico e social de tantos pequenos países. Cabe manter a esperança de que as lições do Timor-Leste possam inspirar outras intervenções, sempre que necessário.

Barra de São João, outubro de 2021

Embaixador Edson Marinho Duarte Monteiro

Embaixador aposentado.

Nasceu em São José de Ubá, no estado do Rio de Janeiro.

Formou-se em Ciências Econômicas pela Faculdade de Economia e Administração da Universidade Federal do Rio de Janeiro, em 1971.

Concluiu o curso de Preparação à Carreira de Diplomata do Instituto Rio Branco, em 1974. Concluiu mestrado em Administração Pública pela Universidade do Sul da Califórnia (USC), em 1982. Completou o curso de Altos Estudos do Instituto Rio Branco, em 1996.

Na carreira diplomática, integrou os quadros diplomáticos brasileiros em Manila, Filipinas (terceiro-secretário, de 1976 a 1977); Los Angeles, EUA (cônsul-adjunto, de 1980 a 1983); Canberra, Austrália (primeiro-secretário, de 1983 a 1986); Bruxelas, Bélgica (Embaixada, conselheiro, de 1992 a 1995);

Pequim, China (ministro-conselheiro, de 1998 a 2004); Díli, Timor-Leste (onde foi o embaixador do Brasil de 2008 a 2013); e Ierevan, Armênia, onde foi o embaixador do Brasil entre 2013 e 2017.

Promoveu a cooperação entre Brasil e Timor-Leste, nos níveis cultural, como na defesa e promoção da língua portuguesa em Timor, e técnico, tendo chefiado a missão de cooperação técnica trilateral que visitou o país entre 19 e 26 de janeiro de 2008, no âmbito da ação trilateral de cooperação entre Brasil, Timor-Leste e Indonésia.

SUMÁRIO

1
INTRODUÇÃO 23
DA ESCOLHA PARA A MISSÃO ATÉ A CHEGADA NO TIMOR-LESTE:
COMEÇANDO UM GRANDE DESAFIO 23
Preparação e viagem 26

2
O TIMOR-LESTE 31
UMA VISÃO GERAL DO TIMOR-LESTE: ENTENDENDO A ALMA
DO PAÍS 31
Aspectos Geográficos 31
Aspectos Históricos 33
A participação brasileira na sociedade timorense 41
Ambiente Político 45
Serviços públicos e economia 49
Tópicos sobre segurança pública 51
Infraestrutura 59
Presença estrangeira 60
Polícia Nacional do Timor-Leste (PNTL) 62
Conclusões parciais 62

3
OS PRIMEIROS DIAS NO TIMOR-LESTE 67
PREPARANDO-SE PARA TRABALHAR COMO OFICIAL DE LIGAÇÃO E
A CHEGADA EM BAUCAU 67
Dias iniciais 67
O Hotel Novo Horizonte...72

4

CHEGADA E TRABALHO EM BAUCAU 85

OS PRIMEIROS SEIS MESES NA PORÇÃO "LOROSAE" 85

Baucau 85

Projeto Integração com a Comunidade 88

A rotina em Baucau: entre sucos, vilas e valados 92

Meu primeiro leaving – a dispensa da ONU 103

Retomando a rotina: a medalha da ONU 108

5

NOVOS DESAFIOS NA FRONTEIRA COM A INDONÉSIA 121

O NOVO PERÍODO E UMA NOVA REGIÃO: BOBONARO 121

Maliana 121

As ameaças dos ninjas e os incêndios 122

Promoção a tenente-coronel 131

Viagem pela Ásia 133

Uma rotina que nunca era rotina 134

Fim de maio: mais uma etapa superada 135

A entrevista do semestre 136

Idas e vindas de Díli 143

Última viagem ao Brasil 146

Último leaving 150

Dias finais em Maliana 151

O final do fim 154

Cortinas se fecham 160

REFERÊNCIAS 161

INTRODUÇÃO

DA ESCOLHA PARA A MISSÃO ATÉ A CHEGADA NO TIMOR-LESTE: COMEÇANDO UM GRANDE DESAFIO

Dia 20 de abril de 2009. Estou na minha seção, trabalhando, por volta das 14 horas, quando meu auxiliar vem até mim e diz: "Major Vieira, o comandante está lhe chamando no gabinete dele". Rapidamente abandonei os papéis e segui para falar com ele, na época o general-de-divisão Gerson Menandro Garcia de Freitas, que havia sido promovido a menos de um mês daquela data.

Nessa época, eu exercia a função de oficial de operações, na Academia Militar das Agulhas Negras (AMAN) e, praticamente a todo o momento, eu tinha documentos para serem tratados com o comandante da AMAN, ou mesmo com o subcomandante, de modo que nenhum tipo de curiosidade me envolveu naquele instante.

Assim, apenas fui ver o que meu superior desejava. Ademais, aquele dia era uma segunda-feira, o primeiro dia da semana da transmissão do cargo de comandante da AMAN, que seria passado do general Menandro ao general de brigada Edson Leal Pujol. Naquela semana, devido às minhas atribuições, eu deveria despachar, muitas vezes, com o comandante sobre os detalhes da cerimônia.

Então, fui verificar o que ele desejava, e fiz exatamente como fazia nas outras vezes.

Ao chegar na sala de seus auxiliares, de pronto, o assistente secretário, um oficial superior que era um grande amigo, olhou para mim e disse: "Ligaram do Gabinete do Comandante do Exército, deve ser alguma missão no exterior".

INTRODUÇÃO

Olhei para o major André Silva (era esse seu nome) e pensei: "Ele nem imagina que deve ser sobre a cerimônia do próximo dia 25, e o comandante do Exército deve estar confirmando a presença dele na cerimônia." Aguardei um outro oficial sair do gabinete, e o general mandou-me entrar.

Como era a semana da passagem do cargo de comandante, o general Leal Pujol já estava na Academia, recebendo as primeiras informações da nobre função que iria exercer, qual seja, de comandante da AMAN, e estava sentado junto ao general Menandro.

Entrei e fiquei de frente para os dois generais e pensei: "Qual será a novidade?".

O general Menandro veio até bem próximo a mim. Olhou-me firmemente e, com seu usual tom sereno ao falar, dirigiu-se a mim dizendo: "Vieira, quero cumprimentá-lo. O general Cid (que, à época, era o chefe de Gabinete do Comandante do Exército), acabou de ligar-me e informou-me que você foi selecionado, pelo comandante do Exército, para exercer a função de oficial de ligação das Nações Unidas no Timor-Leste!"

Olhei para o meu comandante e não soube o que dizer. Esfriei-me completamente e esperei o general Leal Pujol cumprimentar-me também. Agradeci aos dois, sensibilizado, e pedi permissão para ausentar-me naquele momento. O general Menandro prosseguiu: "E tem mais: a sua missão vai iniciar ainda em setembro deste ano".

Saí do gabinete do comandante e fui novamente à sala dos auxiliares, onde o major André Silva estava em pé, conversando com o subcomandante da AMAN, que era o coronel Velozo. Os dois, já sabendo da notícia, cumprimentaram-me efusivamente, percebendo, ambos, a alegria e o temor que simultaneamente me envolviam.

Voltei bem rápido para a minha sala. Para voltar, como sempre, atravessava uma sala comprida, onde trabalhavam três auxiliares, separados do corredor por um vidro bem amplo. Seus olhares curiosos acompanharam-me com uma expectativa radiante para saber qual era a novidade que trazia do comandante da AMAN, mas mal imaginavam o tipo de informação que eu lhes daria.

Eu trabalhava com quatro auxiliares, sendo um oficial — o capitão Vieira Barreto — e três sargentos. Havia um soldado, mas esse cumpria tarefas mais simples, de serviços gerais e protocolos. Reuni-os em minha sala e contei-lhes a notícia.

Todos ficaram muitos felizes, mas, quando lhes disse que ia partir antes de setembro, ficaram ansiosos para saber quem seria meu substituto, pois a função de oficial de operações da AMAN exigia um perfil de alguém mais prático e com facilidades para planejar e executar os planejamentos — e isso implicava diretamente o trabalho deles.

Obviamente que essa seria uma decisão do comandante, mas eu disse a eles que, com certeza, o meu substituto manteria um relacionamento muito bom com eles e faria o trabalho do mesmo modo como já vínhamos desenvolvendo, mesmo porque muitas coisas eram feitas com base em processos já definidos, para que pudéssemos ter nossos procedimentos de rotina os mais padronizados possível.

Um final de dia nunca demorou tanto para acabar nos quatro anos que trabalhei na AMAN (dois como capitão e mais dois, sendo um como major e, em seguida, mais um, após o período que estaria fora do Brasil, como tenente-coronel). Nem liguei para minha esposa: esperei terminar o expediente para contar-lhe a notícia.

Então, por volta de seis horas da tarde, ao chegar em casa, a Raquel, minha esposa, estava fazendo café e, quando entrei na cozinha, ela estava em frente ao fogão, ficando de costas para mim.

Disse-lhe que eu havia sido selecionado para uma missão no exterior. Ela tentou perguntar-me qual e onde era a missão, mas eu, tomado de emoção, não conseguia dizer-lhe.

— Olha, você se lembra de que, na quinta, eu tenho que ir ao médico? — perguntou-me ela. Eu respondi que lembrava, mas que, qualquer que fosse a resposta, dificilmente teríamos como mudar a decisão de ir para o Timor-Leste. Ela andava desconfiada de que pudesse estar grávida.

Ainda naquele mesmo fim de dia, as nossas duas filhas, Sarah, a mais velha, e Geovana, a mais nova, tomaram conhecimento da

INTRODUÇÃO

minha designação e pularam de alegria. Nem imaginavam onde ficava o Timor-Leste: exatamente a 12 fusos de distância do Brasil. Timor está no mesmo fuso que Tóquio.

Na quinta-feira, então, consoante estava agendado, Raquel compareceu ao médico e, do mesmo modo que eu tinha agido, não quis me ligar ao chegar em casa. Esperou que eu voltasse do trabalho para me dar a notícia.

Assim que entrei em casa, eu mesmo fui perguntando, e ela, sempre com um estilo de segredo, virou-se para mim e disse: "Vamos ter nosso terceiro filho ou filha!"

Como dito antes, já tínhamos duas meninas, a Sarah e a Geovana, e, agora, Raquel estava grávida! O bebê ia nascer aproximadamente no meu terceiro mês de missão.

Duas notícias alvissareiras, duas notícias que marcaram nossas vidas. Interessante que a distância entre elas foi de apenas três dias: no dia 20 de abril de 2009, a notícia da missão na Ásia; no dia 23 de abril de 2009, a notícia da gravidez daquela que seria nossa terceira filha: a Daniela.

Dessa forma, encerrou-se a semana da transmissão de cargo dos comandantes da AMAN, que transcorreu no sábado, dia 25 de abril.

Na semana seguinte, eu teria que resolver sobre os preparativos da missão, pois eu devia correr contra o tempo.

Preparação e viagem

Eu teria de realizar um curso intensivo de inglês, no Centro de Estudos do Pessoal, no Rio de Janeiro, e um treinamento intensivo no Centro de Instrução de Operações de Paz (CIOPaz), localizado no Rio de Janeiro também — hoje Centro Conjunto de Operações de Paz do Brasil (CCOPAB).

Além disso tudo, eu tinha férias atrasadas e devia gozá-las para não as perder, pois, com a virada do ano, meu direito de férias ficaria vencido. Tudo isso em menos de quatro meses!

Fiz o treinamento no CIOPaz na primeira semana de maio. Logo em seguida, entrei em férias e, quando voltei das férias (nas quais, de fato, eu apenas fiquei trabalhando em casa), iniciei o curso de inglês. Assim que retornei do curso de inglês, já estava na última semana de agosto.

Meu comandante, general Leal Pujol, muito prestativo, entendeu que eu devia ficar em casa esperando a ordem das Nações Unidas para o embarque.

Meu contato para tratar de assuntos administrativos da viagem e dos custos iniciais era com o pessoal do Gabinete do Comandante do Exército. Eles me orientavam sobre todos os procedimentos a serem adotados, de modo que, na última semana de agosto de 2009, tudo estava pronto. Havia apenas que esperar o momento da partida.

Para essa medida, o Gabinete do Comandante do Exército nos passava os dados do escritório da ONU que existe em Brasília, e esses coordenavam, por meio de contatos telefônicos, os detalhes da saída do Brasil.

Era necessário que chegasse de Nova Iorque, onde está a sede da ONU, um documento chamado *Travel Authorization* (autorização de viagem). De posse desse documento, o escritório em Brasília definia o itinerário da viagem e nos enviava os dados da reserva dos voos.

No dia 2 de setembro, então, ligou-me uma das secretárias do escritório da ONU em Brasília e informou-me os detalhes dos voos. "Que viagem cansativa!", pensei; mas a expectativa e a vontade de embarcar logo superavam a ansiedade e o medo inicial de deixar a família e ir para um país a 12 fusos de distância do Brasil.

Os voos de ida seriam pela British Airways (voo BA 247), de São Paulo para Buenos Aires, dia 7 de setembro, saindo de Cumbica às 7:05; de Buenos Aires a Sydney, no mesmo dia 7 de setembro, pela Qantas (voo QF 18), saindo por volta das 14:30; de Sydney para Darwin, pela Qantas, no dia 8 de setembro (voo QF 846), saindo às 19:20 e, finalmente, de Darwin para Díli, um voo da Qantas (QF 307), operado pela Air North, às 6:30 do dia 9 de setembro. A previsão era desembarcar por volta das oito horas da manhã em Díli.

INTRODUÇÃO

Estaria esperando por mim, no aeroporto da calorosa capital do Timor-Leste, um oficial da Marinha Brasileira, fuzileiro naval, o capitão de corveta Carlos Eduardo Malafaia, com quem já havia trocado alguns correios eletrônicos e alguém que se mostrou muito simpático. Ele estaria ali para me dar a força necessária na minha chegada.

O Malafaia mantinha, na época, um *blog* no qual relatava suas experiências. Então, eu já tinha, em minha mente, sua imagem, e não seria difícil encontrá-lo.

Ele era alto e estaria fardado no aeroporto. Além disso, na ONU, nos uniformes militares deve ser colocada a bandeira do país que o soldado da paz representa, de modo que não haveria qualquer dificuldade em localizar meu primeiro apoio em Timor-Leste.

A missão do amigo Malafaia seria me conduzir a algum local para trocar de uniforme e levar-me, então, até o chefe-geral dos militares que trabalhavam como oficiais de ligação da Missão Integrada das Nações Unidas no Timor-Leste (em inglês: *United Nations Mission Integrated in Timor-Leste* — daí a sigla UNMIT).

A base, em Díli, era chamada de *Obrigado Barak II*. Isso significa "muito obrigado", na língua tétum, a língua oficial daquele país, junto ao português.

Porém, nesse ponto, eu tive uma das minhas primeiras surpresas. Embora o país tenha, por meio de plebiscito, acatado o português como língua oficial, nem 10% da população sabia falar essa língua com fluência. Então, teria que me virar no inglês, que é uma das línguas oficiais da ONU, ou mesmo aprender um pouco do tétum, o que seria um sacrifício pessoal.

Quanto à minha viagem, eu teria que sair de ônibus da cidade onde morava, Resende, no estado do Rio de Janeiro, chegar ao Aeroporto Internacional André Franco Montoro, em Guarulhos, já em São Paulo, onde iniciaria a maratona aérea para chegar ao Timor-Leste.

Chegou, então, o dia da saída de casa. Era 6 de setembro. Tinha de sair da rodoviária de Resende à noite, para dar tempo de chegar ao menos com três horas de antecedência ao Aeroporto de Guarulhos.

A emoção de ter de me despedir da família, sem saber ao certo quando a veria novamente, não se podia medir.

Claro que havia uma mistura de emoção, preocupação e ansiedade, pois estava deixando a esposa grávida, com previsão de nascimento para a segunda semana de dezembro, e não podia nem sequer imaginar qual seria a provável data de meu retorno ao Brasil.

Dessa forma giravam minha cabeça e meus pensamentos, nos momentos finais que antecederam meu embarque, na rodoviária de Resende, rumo a Cumbica.

A Geovana, que à época estava com 10 anos, não parava de chorar, e isso ia apertando meu coração, naqueles minutos finais, antes de embarcar no ônibus da Viação 1001, que me levaria até o Terminal Rodoviário do Tietê, em São Paulo.

Essa imagem da despedida foi que ficou em minha mente. A família, junta na saída, dando-me força e apoio para a missão que eu ia cumprir do outro lado do mundo.

Foto 1 – Despedida na Rodoviária de Resende-RJ

Fonte: o autor

De certo modo, a minha era uma missão missionária, pois missionário significa *enviado*, e, naquele momento, eu estava sendo

INTRODUÇÃO

enviado pelo Exército Brasileiro — no final das contas, pelo país — para atuar na ONU em prol do povo timorense.

Ia com o coração apertado, mas com uma motivação que impedia a tristeza da saudade de se arvorar e me dominar.

A viagem foi extremamente cansativa. Após passar por Buenos Aires e Sidney, e dormir em Darwin (norte da Austrália), finalmente, cheguei em Díli na manhã do dia 8 de setembro de 2009. O Malafaia estava me aguardando, conforme combinado.

Rapidamente recebeu-me, deu-me efusivas boas-vindas, e saímos do aeroporto. Enquanto ele dirigia a camionete da ONU, para a casa onde ele residia com um oficial português, eu ia questionando sobre algumas coisas a respeito do país e da missão. Aos poucos, ele ia me ambientando sobre algumas coisas importantes.

Ele estava praticamente no final da sua missão. Em novembro daquele mesmo ano, ele se despediria de Timor. Ele foi um grande apoio para mim.

Malafaia era extrovertido, bem-relacionado, e comunicava-se muito bem com seu inglês, de modo que, no tempo em que ele esteve na missão, sempre me apoiou quando a ele eu solicitava alguma ajuda.

Eu seria designado para o escritório da UNMIT em Baucau, e ele permaneceria em Díli, sendo meu ponto de apoio naquele local.

2

O TIMOR-LESTE

UMA VISÃO GERAL DO TIMOR-LESTE: ENTENDENDO A ALMA DO PAÍS

Aspectos Geográficos

O Timor-Leste é um país localizado no arquipélago Indonésio e ocupa a parte oriental da ilha de Timor, no extremo sudeste da Ásia, além do enclave de Oecussi-Ambeno, na costa norte da parte ocidental de Timor, da ilha de Ataúro, a norte, e da ilhota de Jaco ao largo da ponta leste da ilha.

As únicas fronteiras terrestres que o país tem ligam-no à Indonésia, a oeste da porção principal do território, e a leste, sul e oeste de Oecussi, mas tem também fronteira marítima com a Austrália, no Mar de Timor ao sul. Sua capital é Díli, situada na costa norte.

Figura 1 – Bandeira do Timor-Leste

Fonte: Atlas Geográfico (1999)

Conhecido como Timor Português, foi uma colônia portuguesa até 1975, época em que se tornou independente, tendo sido invadido pela Indonésia três dias depois após a data da independência.

Para os indonésios, era considerada a 27ª Província Indonésia. Entretanto, pelas Nações Unidas, permaneceu considerado oficialmente como território português até 1999.

Em agosto de 1999, cerca de 80% do povo timorense optou pela independência, em referendo organizado pela Organização das Nações Unidas.

O Timor-Leste possui um território de cerca de 18 mil km². Pode-se dizer que é um estado do Rio de Janeiro, com o mesmo comprimento, e cortado ao meio. Mais ou menos isso. Um país extremamente pequeno.

O país é muito montanhoso e tem um clima tropical, com chuvas que seguem os regimes das monções. Com isso, costuma enfrentar deslizamentos de terra e frequentes cheias. Possui belas praias, mas há um quesito importante em suas praias que limitam razoavelmente o turismo: a presença de crocodilos.

É comum vê-los desfilando tranquilamente, como se fossem os turistas, ao longo da orla da praia de Díli, exibindo seu tamanho e enchendo de medo aqueles que sempre desejam dar alguns mergulhos.

Você poderia perguntar-me: "E você, viu crocodilos?" Sim, diria eu. Vi mais de uma vez. Vi crocodilo em uma de minhas idas para Lautem, e vi também em Díli.

Figura 2 – Mapa do Timor-Leste

Fonte: Atlas Geográfico (1999)

O território divide-se em três zonas climáticas: a situada mais a norte é a menos chuvosa e a mais acidentada, com uma estação seca que dura cerca de cinco meses. A zona central é montanhosa e registra muita precipitação e um período seco, esse, de quatro meses. Por fim, a zona menos acidentada localiza-se no sul, com planícies de grande extensão expostas aos ventos australianos. É bem mais chuvosa do que o norte da ilha, e tem um período seco de apenas três meses. Ao longo desta história, o leitor aprenderá mais sobre aspectos da geografia timorense, até mesmo com fotos.

Aspectos Históricos

Apesar de haver semelhanças de etnias e língua com a Indonésia, e de o país possuir raízes culturais idênticas às de outras regiões que hoje pertencem àquele país, as correntes religiosas que influenciaram os principais impérios da Ásia ainda não tinham estabelecido quaisquer raízes no Timor, quando, por volta de 1514, ocorreu a chegada dos primeiros navegadores portugueses àquele território, em busca do famoso e lucrativo sândalo branco lá existente.

No final do século XVI, os primeiros frades dominicanos portugueses estabeleceram-se, permanentemente, no território, criando uma influência cultural e religiosa progressiva, ao mesmo tempo que era consolidada a dominação portuguesa. Porém, somente com a chegada do primeiro governador, vindo de Portugal, em 1702, é que se iniciou a organização colonial do território, criando-se o Timor Português.

Entretanto, Portugal não dominava toda a ilha, pois, em 1561, os holandeses haviam conquistado Kupang, no extremo ocidental do Timor-Leste, iniciando-se a divisão da ilha entre os dois estados europeus.

Em 1895, um tratado assinado entre Portugal e Países Baixos, atual Holanda, estabeleceu a fronteira entre o Timor Português (Timor-Leste) e o Timor Holandês (Timor Ocidental).

Finalmente, em 1914, Portugal e Holanda assinaram uma sentença arbitral para terminar com os conflitos entre os dois países, fixando as fronteiras que hoje dividem a ilha.

Durante a Segunda Guerra Mundial, os Aliados (australianos, portugueses e holandeses) envolveram-se numa dura guerra contra as forças japonesas, no Timor.

As forças japonesas entraram no Timor-Leste, em fevereiro de 1942, para expulsar as forças australianas que tinham ocupado o território em dezembro de 1941, violando a neutralidade da então colônia portuguesa.

Algumas dezenas de milhares de timorenses deram a vida lutando ao lado dos Aliados. Em 1945, a administração portuguesa foi restaurada no Timor Português.

Pouco tempo depois do término da Segunda Guerra Mundial, as Índias Orientais Holandesas, de que o Timor Ocidental era parte, declararam unilateralmente a independência e transformaram-se na República da Indonésia.

Em 1960, o Timor-Leste foi considerado pela ONU como "território não autônomo sob administração portuguesa". Até essa época, Timor permaneceu extremamente subdesenvolvido. A educação, quase inteiramente a cargo das escolas das missões católicas, abrangia menos de 5% das crianças em idade escolar.

Com o começo das guerras de libertação em várias das suas colônias africanas, a administração portuguesa decidiu investir na educação, criando muitas escolas. Em 1973, atingiu-se a marca de 77% das crianças em idade escolar. Nesse contexto, aprendia-se, então, a língua portuguesa.

Entre 1962 e 1973, a Assembleia Geral das Nações Unidas aprovou sucessivas resoluções reconhecendo o direito à autodeterminação do Timor-Leste, bem como de todas as ainda colônias portuguesas.

Aliado a isso e ao aumento do nível educacional, houve o aparecimento do nacionalismo timorense, notadamente a partir de artigos escritos por jovens no seminário da Diocese de Díli. Com a liberdade política resultante da Revolução de 25 de Abril de 1974, em Portugal, criaram-se, em Timor-Leste, dois partidos ou associações políticas com grande participação popular:

1. a UDT (União Democrática Timorense), fundada em 11 de maio de 1974, que começou por preconizar uma ligação a Portugal, para, mais tarde, defender uma independência mais completa para o território; e

2. a ASDT (Associação Social Democrática Timorense), criada em 20 de maio, que, em 11 de setembro de 1974, viria a dar origem à Frente Revolucionária do Timor-Leste Independente (Fretilin), que sempre pugnou pela independência do Timor-Leste.

Sob o impulso das autoridades indonésias, foi criada também, em 27 de maio de 1974, a Associação Popular Democrática do Timor (Apodeto), que defendia a integração do território à Indonésia, com um estatuto de autonomia especial. Esse partido nunca deve ter tido um apoio superior a cerca de 2 a 3% da população.

A criação dessas associações políticas, com a tolerância por parte do governo local, foi um primeiro passo no sentido da descolonização a que Portugal deu início, em 1974.

No dia 28 de novembro de 1975, após uma breve guerra civil entre simpatizantes dos diferentes campos políticos e as autoridades portuguesas, a República Democrática do Timor-Leste foi proclamada.

Entretanto, apenas alguns dias depois, ou seja, em 7 de dezembro de 1975, a nova nação foi invadida pela Indonésia, contrariando o fato de que seu governo, desde 1945, havia dito, inúmeras vezes, que não possuía quaisquer pretensões territoriais relativas ao Timor-Leste.

Sobre esse fato, "a Indonésia justificou a invasão alegando a defesa contra o comunismo, pois no contexto mundial da época, o mesmo estava se espalhando pela Ásia, haja vista a instalação de governos comunistas no Camboja, Laos e Vietnã". Esse discurso garantiu-lhe as simpatias do governo dos EUA e da Austrália, entre outros, mas não impediu a sua condenação pela comunidade internacional.

Após essa invasão, o Timor mergulhou em uma violência fratricida, e o governador Mário Lemos Pires, destituído de orientações precisas de Lisboa e sem forças militares suficientes para manter a autoridade portuguesa, abandonou a capital e refugiou-se na ilha de Ataúro, ao norte da Díli.

No mesmo dia, levando em conta suas responsabilidades como potência administradora do Timor-Leste, Portugal apresentou uma queixa, nas Nações Unidas, e requisitou uma reunião para que se tomasse uma posição quanto ao ato de agressão perpetrado pela República da Indonésia contra o território timorense. Simultaneamente, o governo português rompeu relações diplomáticas com a Indonésia.

Apesar da posição assumida pela ONU, por meio de resoluções de dezembro de 1975 e de abril de 1976, em favor da retirada imediata das tropas indonésias e da autodeterminação do povo do Timor-Leste, tais apelos nunca foram cumpridos.

Haja vista a sua pequena dimensão econômica e militar, bem como a sua fragilidade política, sucessivos governos portugueses optaram por um relativo silêncio quanto à questão do Timor-Leste. A partir da invasão, a Fretlin iniciou ações terroristas contra as tropas da Indonésia, tanto nas cidades quanto no campo. A Indonésia recorreu a seu exército e às milícias, compostas por elementos ligados a Apodeto, para combater a guerrilha, que desejava a saída dos indonésios e a independência do Timor. As milícias eram compostas por timorenses que apoiavam a Indonésia. Já as forças de guerrilha lutavam pela independência do país.

Um desses que lutaram contra as forças indonésias foi quem realizou a entrega da medalha Solidariedade de Timor-Leste a mim, poucos dias antes da minha partida, sobre o que tratarei mais à frente. Trata-se do general Taur Matan Ruak (nome da época da guerrilha contra os indonésios, que tem o significado de "dois olhos vivos"), que, no período em que estive em terras Mauberes, era o comandante das Forças de Defesa do Timor-Leste. Em abril de 2012, foi eleito presidente da República, tendo sido o chefe de Estado do Timor entre 22 de maio de 2012 a 22 de maio de 2017. O nome de registro do general Taur Matan Ruak é José Maria de Vasconcelos.

Em 22 de junho de 2018, Matan Ruak tomou posse como primeiro-ministro do VIII Governo Constitucional do Timor-Leste.

Dessa maneira, foram utilizados todos os mecanismos para dominar a resistência: as forças policiais e militares usavam meios brutais de tortura, de forma sistemática e sem controle; a população rural, nas áreas onde a disputa com a guerrilha era mais acirrada, era colocada em aldeias de recolonização; e, além disso, procedeu-se à esterilização forçada de mulheres timorenses.

Simultaneamente, a fim de consumar e dar um caráter irreversível à ocupação, desenvolveu-se uma política de descaracterização do território, quer no plano cultural, com a proibição do ensino do português e a adoção forçada do Islã, quer ainda no plano político, com a integração do Timor à Indonésia, como sua 27ª província.

Todavia, a guerrilha não se rendeu, embora com recursos materiais, humanos e financeiros escassos, e apesar de ter sofrido pesadas baixas, como a deserção de dirigentes e a morte em combate, como a de Nicolau Lobato, ou pela detenção de Xanana Gusmão, que era o líder da resistência.

Embora reduzida a poucas centenas de homens, mal armados e isolados do mundo, a guerrilha conseguiu aumentar a sua luta no meio urbano, com manifestações de massas e a manutenção, no exterior, de uma permanente luta diplomática, às quais a Igreja Católica Romana prestou um grande apoio — na época, liderada por D. Carlos Ximenes Belo, bispo de Díli.

Durante muito tempo, apesar dos conflitos seguirem intensos, o assunto Timor-Leste não atraia a atenção da opinião pública mundial, até que, na década de 1990, dois fatos contribuíram para jogar os holofotes da comunidade internacional sobre a antiga colônia portuguesa.

O primeiro fato a atrair o interesse foi o massacre do cemitério de Santa Cruz, em Díli, capital do Timor-Leste, em novembro de 1991, em que as forças de segurança indonésias mataram mais de 200 pessoas.

O referido massacre foi filmado ao vivo por Christopher Wenner, mais conhecido como Max Stahl, jornalista de conflitos que nasceu no Reino Unido.

Depois ter passado por vários cenários de conflito, sobretudo na América Latina, em agosto de 1991, Max Stahl foi para Timor-Leste a fim de filmar o documentário que viria a chamar-se *In Cold Blood: The massacre of East Timor*.

No dia 12 de novembro de 1991, o jornalista acompanhou e filmou uma marcha de homenagem, da Igreja de Motael até o túmulo Sebastião Gomes — ocasião em que centenas de jovens timorenses foram mortos pelos militares indonésios sem nenhuma razão lógica para isso, apenas com razões ilógicas e loucas. As imagens correram o mundo e deram a conhecer, internacionalmente, o drama timorense.

O profissionalismo de Max Stahl e a sua extrema coragem deram um impulso fundamental à frente diplomática, catapultando Timor-Leste para as primeiras páginas dos meios de comunicação mundiais, depois de vários anos em que a situação timorense permanecia adormecida para a comunidade internacional.

Max Stahl entrevistou vários líderes da resistência timorense, como os comandantes David Alex Daitula e Nino Konis Santana. Ele, também, criou o Centro Audiovisual Max Stahl em Timor-Leste (CAMSTL), com o intuito de preservar e divulgar a coleção audiovisual que documenta o período da resistência, os acontecimentos durante e após o referendo e os primeiros anos da independência, até os dias de hoje.

Depois de muitos anos, em 2013, essa coleção foi reconhecida pela Unesco, ao ser inscrita no Registro da Memória do Mundo, um programa criado com o objetivo de proteger e promover o patrimônio documental mundial, por meio da conservação e do acesso aos documentos.

Em 2000, Max recebeu o Rory Peck Award, um prêmio que homenageia jornalistas de vídeo independentes. Recebeu muitos outros prêmios em reconhecimento por seu trabalho em zonas de conflito, como as guerras dos Balcãs e de El Salvador.

Em 2009, foi condecorado com a Insígnia da Ordem de Timor-Leste e, em 2019, recebeu o Colar da Ordem de Timor-Leste, a mais alta condecoração nacional.

Em 2019, culminando a devoção e o reconhecimento do povo timorense a Max Stahl, foi-lhe atribuída a nacionalidade timorense pelo Parlamento Nacional, num ato que representou a homenagem do povo de Timor-Leste ao espírito humanista e altruísta e à sua extraordinária coragem.

Max Stahl faleceu no dia 28 de outubro de 2021, aos 67 anos, e foi um marco para a história do Timor-Leste.

O segundo caso que levou o Timor ao conhecimento da comunidade internacional foi a concessão do Prêmio Nobel da Paz, em 1996, a dois ativistas do movimento pró-independência de Timor, o bispo de Díli, Dom Carlos Filipe Ximenes Belo, e o chanceler do governo do Timor-Leste no exílio, José Ramos Horta, que deu uma dimensão mundial à luta pela autodeterminação do povo timorense.

Após a premiação dessas personalidades, a política internacional se voltou para o pequeno país asiático, e a Indonésia firmou com Portugal e a ONU um acordo, em 5 de maio de 1999, que previa uma consulta popular para verificar se o povo queria que o país fosse integrado à Indonésia ou se queria a independência.

Para conduzir a consulta, foi criada a Missão das Nações Unidas no Timor-Leste (Unamet), primeira missão oficial da ONU nesse país.

Na consulta promovida pelas Nações Unidas, em 30 de agosto de 1999, os timorenses, por 78,5% dos votos, optaram pela independência, pondo fim a 24 anos de ocupação da Indonésia.

O anúncio do resultado da consulta popular desencadeou, por parte das milícias pró-integração e parte das forças indonésias de segurança pública, uma onda de violência, e prédios públicos, estabelecimentos comerciais e residências foram incendiados indiscriminadamente. Além disso, houve saque e destruição por todo o território.

Mais de 250 mil pessoas tiveram de abandonar suas casas, fugindo para as montanhas ou se refugiando no Timor Oeste.

Muitos timorenses, incluindo pelo menos quatro funcionários locais da Unamet, foram mortos. A quase totalidade do pessoal da Unamet teve de ser evacuada para Darwin, na Austrália.

A violência atingiu tão larga escala que o governo indonésio admitiu sua incapacidade em contê-la, o que levou a ONU a criar a Força Internacional para o Timor-Leste (Interfet), cujo comando coube à Austrália.

Assim que as tropas desembarcaram em Díli, a 20 de setembro de 1999, as milícias pró-Indonésia fugiram para o lado ocidental da ilha. Com a calma retornando, aos poucos, ao país, o parlamento indonésio homologou, em 19 de outubro de 1999, o resultado da consulta popular e anulou o decreto de anexação do Timor-Leste.

Realizada essa homologação, as principais lideranças da causa da independência começaram o regresso à terra natal, após anos de exílio ou de prisão.

Sem necessitar mais da Interfet, a ONU criou a Administração de Transição das Nações Unidas no Timor-Leste (UNTAET), para permitir a volta à normalidade e a reestruturação dos órgãos governamentais.

Essa nova missão foi chefiada pelo brasileiro Sérgio Vieira de Mello, que realizou um excelente trabalho de recuperação do país. Ele veio a ser morto em 2003, quando atuava, pelas Nações Unidas, no Iraque, em um atentado ocorrido no dia 19 de agosto.

Dois anos após a votação de agosto de 1999, foi eleita uma Assembleia Constituinte, a fim de elaborar uma Constituição e eleger um governo de transição, até as eleições presidenciais previstas para o mês de abril de 2002. Nesse pleito, foi eleito presidente o antigo líder do Conselho Nacional da Resistência Timorense, Xanana Gusmão.

Em 20 de maio de 2002, a independência do Timor-Leste foi restaurada, e as Nações Unidas entregaram o poder ao primeiro governo constitucional do país.

A UNTAET teve os seus trabalhos encerrados, e as Nações Unidas criaram a Missão das Nações Unidas para Apoio ao Timor-Leste (UNMISET), que tinha por finalidade auxiliar o governo timorense a manter a estabilidade em setores vitais e garantir a segurança interna e externa do país recém-independente.

A participação brasileira na sociedade timorense

As relações diplomáticas entre o Brasil e o Timor-Leste foram estabelecidas em 2002, ano da independência desse país. A Embaixada do Brasil em Díli foi aberta no mesmo ano.

O relacionamento bilateral sempre foi marcado por vínculos culturais, decorrentes de herança lusófona em comum. A cooperação bilateral é a vertente mais destacada do relacionamento entre os dois países.

O apoio brasileiro ao Timor-Leste voltou-se e volta-se a áreas fundamentais para a construção do estado timorense, como a consolidação da lusofonia e do sistema romano-germânico no ordenamento jurídico, temas de justiça, defesa e segurança e formação de mão de obra, como será mais detalhado a seguir.

Como visto na síntese histórica, a Organização da Nações Unidas, por meio do seu Conselho de Segurança, estabeleceu várias missões de paz no Timor-Leste, sendo que, em todas, houve a participação de brasileiros.

Conforme divulgado no *site* Exército Brasileiro, bem como se pode consultar, em inglês, na página do Departamento de Operações de Paz da Organização das Nações Unidas, a primeira missão foi a Unamet, que, já mencionada, teve por tarefa supervisionar o desarmamento das facções em luta, conduzir o processo eleitoral e orientar as forças policiais indonésias na manutenção da segurança, durante o processo de consulta popular sobre a independência.

Nessa missão, o Brasil contribuiu com quatro oficiais superiores do Exército, exercendo a função de oficiais de ligação entre a Unamet e as Forças de Segurança da Indonésia, com seis oficiais da Polícia Militar dos estados de Alagoas e Roraima, destinados a integrar o grupo de observadores desarmados (policiais civis – CivPol, na ONU); 20 peritos eleitorais do Tribunal Superior Eleitoral (TSE); e 15 peritos eleitorais de Tribunais Regionais Eleitorais (TREs).

Na segunda missão de segurança (não propriamente da ONU: a já dita Interfet, criada em maio de 1999), o Brasil participou com um pelotão de Polícia do Exército e com observadores militares, os quais tinham a tarefa de verificar a separação das forças em conflito, realizada pela tropa de intervenção comandada pela Austrália.

Posteriormente, novamente sob a égide das Nações Unidas, na UNTAET, o Brasil participou inicialmente com o efetivo de um pelotão de Polícia do Exército, e executou ações de segurança de instalações, escolta de autoridades e de comboios, segurança de pontos sensíveis, postos de bloqueio e controle de estradas e patrulhamento motorizado, além de prestar serviços de perícia criminal à tropa da

ONU. No desenvolvimento da missão, o efetivo brasileiro chegou a atingir praticamente o efetivo de uma companhia de Polícia do Exército, com cerca de cem militares.

Com o estabelecimento da UNMISET, o Brasil participou com um oficial de ligação no quartel-general (QG) das Nações Unidas, na capital do país, e com um grupo de oficiais e sargentos que realizavam a preparação de novos policiais para as forças de segurança do Timor.

Uma vez que a UNMISET foi encerrada, uma nova missão política, o escritório das Nações Unidas em Timor-Leste (UNO-TIL) (maio de 2005 a agosto de 2006) apoiou o desenvolvimento das instituições do Estado, fornecendo treinamento à polícia timorense, em observância aos preceitos democráticos e aos Direitos Humanos.

A UNOTIL foi programada para terminar seu mandato em maio de 2006, e o Conselho de Segurança já havia recebido recomendações do secretário-geral para o período pós-UNOTIL.

No entanto, uma série de graves acontecimentos, no Timor, no transcorrer de 2006, culminando especialmente nos meses de abril a junho, levou o Conselho de Segurança da ONU a prolongar o mandato da UNOTIL até 20 de agosto de 2006. Isso vez o secretário-geral da ONU apresentar novas recomendações, tendo em conta a necessidade de um reforço das Nações Unidas, novamente, em terras Mauberes.

Nesse contexto, as autoridades de Timor-Leste pediram apoio, em polícia e suporte militar, da Austrália, da Nova Zelândia, da Malásia e de Portugal. Em 26 de maio, ou seja, logo em seguida à crise, a entrada de forças internacionais começou a assegurar as instalações-chave do país.

Dessa forma, o Conselho de Segurança, por meio da sua Resolução n.º 1.704, de 25 de agosto de 2006, mais uma vez, estabeleceu uma missão em Timor. A UNMIT (*United Nations Mission Integrated in Timor-Leste*) foi estabelecida com um mandato para ajudar o país a superar as consequências e as causas subjacentes da crise, de abril a junho de 2006.

O Conselho decidiu que a UNMIT deveria consistir em um componente civil apropriado, incluindo até 1.608 agentes de polícia, e um componente inicial de até 34 militares para as atribuições de *oficiais de ligação*. Isso foi materializado.

Esse efetivo de 34 militares, oriundos de diversos países, praticamente permaneceu intacto, de 2006 até 2012, com o encerramento das atividades da UNMIT. Foi nesse grupo que eu trabalhei, a partir de meu desembarque em Díli, em 8 de setembro de 2009.

A UNMIT encerrou suas atividades no Timor exatamente no final de 2012. Haja paz para os timorenses!

Desde a sua criação, até seu recente encerramento, a UNMIT trabalhou em profunda parceria com o governo de Timor-Leste, com os vários partidos políticos e com organizações não governamentais que atuavam e atuam em prol do país, conseguindo garantir a aplicação efetiva do mandato confiado. Isso eu testemunhei pessoalmente, percorrendo praticamente todo o território timorense.

Além da participação brasileira nas áreas de segurança e defesa, o Brasil sempre buscou apoiar fortemente o processo de desenvolvimento de Timor-Leste, nas áreas da educação, da justiça e da política.

Por intermédio da Agência Brasileira de Cooperação (ABC), o governo brasileiro iniciou os projetos de cooperação com Timor-Leste desde a fase de transição (1999-2002), mantendo ligações com o país asiático até o presente momento.

No ano de 2000, a ABC enviou a sua primeira delegação para Timor-Leste, com o objetivo de analisar e identificar as áreas nas quais o governo brasileiro teria capacidade para cooperar e apoiar a construção da nova nação. A partir dessa visita, foram estabelecidas várias cooperações técnicas no Timor-Leste.

O primeiro projeto foi o de implantação do Centro de Promoção Social, Formação Profissional e Desenvolvimento Empresarial, em parceria com o Serviço Nacional de Aprendizagem Industrial (Senai).

O trabalho da cooperação ficou dividido em nove áreas temáticas: formação profissional e mercado de trabalho; justiça; segurança nacional; cultura e patrimônio nacional; agricultura; educação; meio ambiente; e saúde.

Na área de educação, o programa de qualificação de docentes aconteceria por meio do apoio da Coordenação de Aperfeiçoamento de Pessoal de Nível Superior (Capes) do Ministério da Educação do Brasil em parceria com o Ministério da Educação e Cultura de Timor-Leste. O programa caracterizou-se pelo intercâmbio de professores brasileiros em Timor-Leste como docentes na Universidade de Timor-Leste e os alunos e os professores timorenses nas universidades federais brasileiras.

Estão em vigor, entre o Brasil e o Timor-Leste, instrumentos nas áreas de cooperação técnica, cultura, defesa, educação e isenção parcial de vistos. Os dois países estabeleceram, em 2003, uma comissão mista para tratar de temas da agenda bilateral.

Além de visitas em nível presidencial, há grande número de visitas de nível ministerial e técnico. Em 2015, o então chanceler Mauro Vieira esteve em Díli, onde participou da XX Reunião Ordinária do Conselho de ministros da CPLP.

Em 2018, o comércio do Brasil com o Timor-Leste totalizou US$ 7,9 milhões, dos quais a quase totalidade correspondeu a exportações brasileiras.

Ambiente Político

A crise militar de 2006, ocasião em que oito policiais foram mortos por militares da Falintil-Força de Defesa Timor-Leste (F-FDTL) e os atentados contra o presidente José Ramos Horta e contra o Primeiro-Ministro Kay Rala Xanana Gusmão, em 11 de fevereiro de 2008, ainda repercutiam em 2009 no seio dessas instituições e em parte da população e eram aspectos que motivavam a permanência da UNMIT no Timor-Leste.

Pode-se afirmar que estava e ainda está em curso um processo de aprendizado de governança e convívio em ambiente democrático. Em 2009, quem fazia oposição ao governo era Mari Alkathiri, que havia governado o país de 2002 a 2006, no cargo de primeiro ministro.

Desde meados de 2010, ou seja, nos últimos 10 anos, a situação é de tranquilidade e estabilidade em Timor. O país está vivendo uma fase de reconstrução e vem se levantando com muita valentia.

Durante meu tempo em Timor, e levando-se em conta que era um país recém-criado, praticamente todo o Estado Timorense passava pelo processo de construção institucional e ainda existiam diversas deficiências de infraestrutura, próprias de sua pouca idade. As F-FDTL e a Polícia Nacional do Timor-Leste (PNTL) mereciam especial atenção pelo papel de protagonistas das últimas crises no país.

Apesar disso, ainda eram instituições incipientes e que careciam de muitos meios e de coisas básicas. Um simples exemplo, vivido por mim em meus encontros com chefes de polícia, era a falta de viaturas para delegacias de sede de distritos.

Em alguns distritos que eu visitava, não existia sequer meios de transporte para os policiais. Em alguns deles, existia apenas uma motocicleta. Isso influenciava diretamente na capacidade da PNTL em cumprir seu papel constitucional no Timor, bem como gerava reflexos negativos para a segurança pública do país.

Um caso que marcou a atmosfera política, naquele período, foi a prisão, em 8 de agosto de 2009, de Martenus Bere, ex-líder de milícia que estava envolvido no massacre da Igreja de Suai, em 1999. Bere foi preso após ter atravessado a fronteira.

Ele permaneceu encarcerado até o dia 30 daquele mesmo mês — data em que se comemorou, solenemente, o décimo aniversário do referendo que determinou a independência do Timor-Leste — e foi entregue às autoridades indonésias nesse mesmo dia.

A sua rápida libertação se deu por decisão política. Esse fato provocou uma grande polêmica na cena política timorense e nas relações com o Alto Comissariado para os Direitos Humanos da ONU.

Acusado de crimes contra a humanidade, Bere aguardou na condição de asilado na embaixada indonésia em Díli. Segundo fontes timorenses, ele teria sido escoltado até a fronteira, em ação secreta por membros da PNTL.

Conforme noticiado pela imprensa, esse gesto retratou bem o esforço do governo timorense na reaproximação com a Indonésia. No entanto, isso provocou fortes reações da oposição e de pequena parcela da população.

O primeiro-ministro Xanana Gusmão assumiu a responsabilidade pela ordem de libertação dada à ministra da Justiça, e o presidente Ramos Horta endossou tal atitude nas manifestações que fez à imprensa.

No dia 13 de outubro daquele ano, no parlamento, a oposição promoveu a primeira moção de censura em desfavor do governo, porém foi derrotada por 39 a 25 votos.

Embora pudesse aparentar suposto constrangimento às instituições do Estado Timorense — dentre os quais o Ministério da Justiça, a Procuradoria Geral da República e o Poder Judiciário —, o que se viu foi uma extrema nobreza em tentar aplicar na prática, e não apenas na retórica, a política de reconciliação, que visava e ainda visa à reaproximação política com a Indonésia.

O primeiro secretário da embaixada da Indonésia declarou que a libertação foi acordada politicamente entre os dois países. Os governos do Timor-Leste e da Indonésia estão em busca de celebrar um acordo bilateral com vistas à extradição de cidadãos que tenham praticado crimes, de modo que possam ser julgados em seus países de origem.

Apesar de ser a nação mais jovem do mundo, o problema da corrupção, como sempre acontece em qualquer sociedade, tentava assombrar a máquina governamental timorense. Existiam algumas situações que se sucediam, mas que eram fortemente combatidas pelo governo.

Ocorre que, levando-se em conta o vazio das infraestruturas básicas, tornava-se um grande desafio às autoridades combaterem, com total eficácia, esse mal, que não só assolava o pequeno Timor, mas é um dos piores males das sociedades modernas. Isso é um mal atrelado ao lado ruim do ser humano.

Algumas famílias predominavam na ocupação dos mais importantes postos do poder público, e o jogo de interesses era intenso. No parlamento, a oposição atacava essa questão com muita frequência.

No dia 30 de agosto de 2009, o povo timorense comemorou o décimo aniversário da consulta pública que determinou o seu destino como nação independente. As manifestações, em sua maioria, ocorreram em Díli, tendo o governo promovido um desfile de tropas e escolares seguido por uma série de apresentações musicais. Tudo transcorreu em tranquilidade.

Em 9 de outubro de 2009, foram realizadas as eleições de chefias de suco (pequenas vilas), unidade territorial tradicionalmente considerada para a administração comunitária.

As chefias de suco historicamente se encarregam de mediar conflitos, orientar as famílias e fazer o papel de tribunal popular. As penas costumavam ser e ainda são aplicadas com os valores locais — utensílios artesanais, aves, cabritos, vacas e o que mais puder ser utilizado para compensar a vítima e a comunidade —, conforme a falta cometida.

A autoridade do chefe de suco é tida como inquestionável, no entanto, era, e ainda é, um desafio para uma boa coexistência com as leis e a polícia. Sobre esses eventos, ocorridos a partir de minha chegada em Timor, voltarei a detalhá-los um pouco mais.

Apesar de as eleições possuírem oficialmente caráter apartidário, as candidaturas foram apoiadas pelos partidos políticos, que não perderiam a oportunidade para tentar se fortalecer nessa esfera de poder.

Os resultados dessa eleição apresentaram o predomínio da Fretilin, que era o principal partido da oposição.

Em relação à sua organização política, o Timor-Leste é uma república semipresidencialista. O chefe de Estado é o presidente da República, que é eleito por sufrágio direto e universal para um mandato de cinco anos.

O presidente da República é o garantidor da Constituição, da unidade do Estado e do regular funcionamento das instituições democráticas, cabendo-lhe promulgar os diplomas legislativos aprovados pelo governo ou pelo Parlamento Nacional e podendo exercer o direito de veto sobre eles.

O presidente da república é, também, o comandante supremo das Forças Armadas.

Na sequência das eleições para o Parlamento Nacional, o presidente da República convida o líder do partido mais votado ou da aliança de partidos com maioria parlamentar a formar o governo.

Compete ainda ao presidente da República presidir o Conselho de Estado e o Conselho Superior de Defesa e Segurança.

O Parlamento Nacional, órgão legislativo, de fiscalização e de decisão política, é composto por um mínimo de 52 e um máximo de 65 deputados, sendo que eles são eleitos por voto popular para mandatos de 5 anos.

Cabe à lei eleitoral estabelecer o número de deputados que, em concreto, compõem o Parlamento Nacional, presentemente constituído por 65 parlamentares.

O governo, que também pode fazer leis, sob a forma de decreto-lei, em determinadas matérias, é o órgão executivo do Estado e o órgão superior da administração pública, sendo responsável pela elaboração e pela implementação do programa de governo, o qual contém a política geral do país, para a legislatura de cinco anos. O primeiro-ministro é o chefe do governo.

Serviços públicos e economia

As condições gerais de vida encontradas na capital, quando estive no Timor, podiam ser consideradas satisfatórias. A oferta dos serviços públicos de saúde, transporte, educação, saneamento básico, fornecimento de água e energia elétrica ainda era e ainda é deficiente na capital e muito precária no interior do país.

Em julho de 2018, estive novamente no Timor-Leste, mas, nessa ocasião, em viagem com a família, quando observei que pouca coisa havia mudado em relação ao meu período anterior passado por lá.

No período em que trabalhei nesse apaixonante país, os investimentos governamentais para melhorar as condições de vida do povo estavam em pleno curso. Havia extrema carência no setor de habitação em razão do grande número de deslocados pelos conflitos ocorridos na história recente do país. Muitas residências e outros prédios públicos, em especial igrejas, foram incendiadas ou destruídas.

Essa deficiência foi reduzida pelas ações governamentais de desativação dos campos de desabrigados (*IDP camps*) com estímulo financeiro para retorno às localidades de origem. No entanto, temia--se que isso não perduraria por conta da reduzida oferta de postos de trabalho, tanto no interior como na capital.

Em novembro de 2009, apenas cerca de cem famílias ainda estavam nos poucos abrigos transitórios restantes na capital Díli. Com o processo de retorno em seus estágios finais, as atenções agora estavam mais voltadas para a fase de reintegração e a obtenção de uma solução durável para os deslocados internos.

A economia timorense sempre teve grande potencial nas áreas do turismo — favorecido pelo clima tropical quente e pelas belezas naturais — e do petróleo — grande reserva recém-descoberta no mar territorial. O Estado ainda é o principal empregador e não tem capacidade de absorver o grande número de desempregados.

Ao longo do ano de 2010, o governo timorense trabalhou na consolidação de seu Planejamento Estratégico de Desenvolvimento 2011-2030, que priorizou a transformação da estrutura da economia do país, afastando-o da tendência de sobrecarregar a agricultura e o setor público. O foco para o futuro deveria ser o crescimento do setor privado, com prioridade para o estabelecimento de indústrias no país e a expansão do setor de serviços.

As estratégias econômicas e as ações no Plano Estratégico de Desenvolvimento foram desenhadas para provocar essa mudança estrutural, por meio do desenvolvimento dos recursos humanos timorenses, por intermédio de boa educação, pelo investimento no setor privado, o que ocorreu por meio de um Banco Nacional de Desenvolvimento e por iniciativas do setor financeiro.

Essas ações, previstas no Plano Estratégico de Desenvolvimento, englobavam ainda a melhoria do ambiente empresarial, por meio de reformas legislativas, foco no desenvolvimento das indústrias do setor privado, buscando, a todo o tempo, a melhoria das infraestruturas básicas e uma reestruturação sustentada do país.

Tópicos sobre segurança pública

1. Sociedade

O povo timorense é muito afável no trato e possui uma índole pacífica, demonstrada pelos baixos índices de criminalidade em termos gerais. São raros os casos de crimes violentos e contra o patrimônio, porém a violência doméstica — principalmente contra a mulher — ainda acontecia às vezes. Esse fato explica-se por razões culturais, considerada a condição da submissão da mulher nessa sociedade.

Como já explanei no resumo histórico, o povo tem sofrido muito desde o final do período de colonização portuguesa, quando já lutava pela independência. Em seguida (1975), o Timor-Leste foi anexado pela Indonésia, sob ampla e vigorosa repressão. Nesse período, a língua portuguesa foi proibida e o *Bahasa* (língua indonésia) foi determinado como língua oficial. A luta pela independência continuou em condições muito desfavoráveis e sob o desinteresse da mídia e da comunidade internacionais.

As Nações Unidas iniciaram suas atividades com a *United Nations Mission in East Timor* – Unamet, em 1999, visando ao referendo pela independência, que ocorreria em agosto de 1999.

Os já citados atentados e os distúrbios deixaram fortes marcas nesse povo. Granadas, munições e explosivos remanescentes da luta pela independência ainda eram encontrados em diversas localida-

O TIMOR-LESTE

des do país. Em alguns bairros de Díli, ocorriam, eventualmente, arremesso de pedras contra as viaturas de patrulhamento UNPOL (Polícia da ONU).

Eu mesmo, em uma viagem de retorno de Díli a Baucau, em novembro de 2009, nas mediações de Metinaro, ajudei a socorrer uma senhora e a sua filha que foram vítimas de uma granada, que a menina pegou para brincar. A mãe (cuja hemorragia ajudei a estancar) acabou não sobrevivendo. Mais à frente darei mais detalhes desse ocorrido.

Segundo os relatórios produzidos pela própria UNMIT, a pobreza e a fome eram os maiores males que assolavam o país. Ainda existem muitas dificuldades, mas, sobre a fome, eu vi muito mais a má nutrição do que propriamente a fome.

Nas áreas mais afastadas, eles comem o que produzem e, muitas vezes, falta uma alimentação mais equilibrada, porque existe muito arroz e milho, além de carnes diversas de animais que criam.

Além disso, e do sofrimento pela opressão colonial que marcaram a sua história, nos momentos de insatisfação e de contrariedade, grande parte do povo costumava extravasar esse ressentimento por meio de apedrejamentos e incêndios de residências. Tais ocorrências costumavam ser agravadas pelo consumo de bebidas alcoólicas.

Tais práticas foram frequentes durante o período de opressão promovido pelas milícias indonésias e nas crises desta década. Conta-se que os motoristas timorenses dirigem bem lentamente porque isso viria de sua resistência aos indonésios.

Na época da invasão indonésia, os taxistas, principalmente, para limitar os deslocamentos das viaturas de policiais indonésios, usavam seus táxis para barrar os veículos da polícia em patrulhamentos. Essa prática acabou refletindo na maneira como eles dirigem atualmente.

Na rotina policial, durante o tempo em que lá estive, era muito comum o atendimento a ocorrências de apedrejamento de residências, mormente motivados por desavenças entre vizinhos e brigas entre jovens.

Era normal que um acidente automobilístico com vítimas pudesse ser julgado logo em seguida ao atropelamento por amigos ou parentes da vítima, principalmente quando conduzido por algum estrangeiro. O condutor poderia ser apedrejado, mas a agressão, havendo oportunidade, poderia ser compensada por meio de uma oferta financeira.

Os incêndios residenciais também eram comuns em todo o país. Na periferia de Díli, e no interior do país, costumavam levar à perda total em razão da fragilidade das residências construídas basicamente em madeira, bambu e palha.

Outro aspecto peculiar do povo timorense era e ainda é a sua admiração pelas brigas de galo. Não há qualquer restrição legal, e, por isso, as rinhas costumam ocorrer aos sábados e domingos com grandes públicos. É uma prática tradicional e traz grande entusiasmo ao público e aos apostadores.

2. Ex-combatentes, F-FDTL e PNTL

Em 20 de maio de 2002, a reintegração dos ex-combatentes — após a restauração da independência do Timor-Leste — tornou-se o maior desafio para o governo e trouxe sérios problemas ao campo social.

Houve muitas pressões políticas para que eles fossem absorvidos pela PNTL sem submissão a qualquer processo de seleção. Um acordo permitiu que apenas cem deles fossem incorporados e, naturalmente, isso não pacificou a questão.

Essas ingerências políticas levaram o país a um clima de desconfiança e ao estabelecimento de três facções na Corporação: ex-policiais da Polícia Nacional da Indonésia (POLRI), ex-combatentes das Forças Armadas de Libertação do Timor-Leste (Falintil) e recrutados na sociedade civil.

Atribui-se à ONU muita lentidão nesse processo e falhas no processo de identificação dos ex-combatentes, o que terminou por conceder tal qualificação a mais de 35 mil pessoas. A pressão exercida e o foco das atenções na PNTL geraram tensões e conflitos, o que prejudicou profundamente o desenvolvimento da PNTL.

O ápice desse processo se deu nos acontecimentos que marcaram os dias 3 e 4 de dezembro de 2002 (desordens populares), 25 de maio de 2006 (crise militar-policial) e 11 de fevereiro de 2008 (atentados ao presidente da República e ao primeiro-ministro). Apesar da clara e renovada legislação, que definiu as competências da PNTL e das F-FDTL, perduram a desconfiança entre essas instituições e até mesmo dentro delas. Existia um verdadeiro ambiente de competição entre elas, com constantes demonstrações de autoafirmação. Tal instabilidade repercutia no comportamento da classe política e na sensação de segurança da população.

3. Os grupos de artes marciais

Consistem em grupos suburbanos que vivem à margem da disciplina dos respectivos grupos étnicos e de suas comunidades de origem. Canalizam um sentimento generalizado de frustração da juventude e extravasam, por meio de atos de violência, angústias pela sua condição de inferioridade social e econômica. No meu tempo de Timor, representavam uma ameça real para à paz social no Timor-Leste.

Em uma das regiões na qual atuei, Baucau, cujo escritório da UNMIT jurisdicionava quatro distritos, incluido o de Baucau, mas que corresponde à metade da área do país, essa situação já estava bem minimizada. No entanto, em distritos próximos a Díli, existiam, à época de minha estada em Timor, brigas e rivalidades entre os grupos.

Dentre os diversos grupos, se destacavam: o PSHT (*Persaudaraan Seti Hati Terat*), o Korka (*Kmanek Oan Rai Klaran*), o 77, os Kung Fu Masters e os Kera Sati, que reuniam milhares de seguidores.

Esses grupos praticam uma fusão de *karatê, kung fu* e *taekwondo*, denominado *pencak silat* (lutar utilizando técnicas de defesa pessoal). Essa arte teve seu início na cultura malaia, sendo muito popular na Malásia e na Indonésia, onde existem diversas escolas. Segundo os seus mestres, os *pencak silat* são mais do que uma arte marcial, sendo compostos por quatro fundamentos: o aspecto mental/espiritual, o elemento de defesa (*bela-diri*), uma componente artística (*seni budaya*) e pelo desporto (*olá raga*).

Praticamente, todos tiveram seu início motivados pela resistência aos colonizadores e aos invasores. Em alguns deles, há uma crença na sua invencibilidade, induzida pela prática de magia negra. Muitos seguidores tomam poções com efeitos alucinógenos, o que os leva a enfrentar seus adversários com destemor. Alguns até creem que possuem poderes de invisibilidade.

Apesar da suposta nobreza de princípios, a cultura grupal e a politização desses grupos desvirtuaram-nos de sua natureza eminentemente desportiva. Costumavam arremessar pedras e utilizar armas artesanais, o que já vinha causando muitas mortes.

Também em razão disso, grande parte das viaturas UNPOL de patrulhamento possuíam grades de proteção a fim de proteger as janelas, os pára-brisas e os vidros traseiros.

O maior e mais controverso de todos, o PSHT, é conhecido também como "Formigas Negras". É originário de Java oriental, na Indonésia. Suspeita-se de sua proximidade com o Partidos Democrata e com o Partido Social Democrata. Tem no Korka — politicamente ligado ao partido Fretilin — o seu maior rival.

Os *Kung Fu Masters* tinham, nos anos de 2009 e 2010, uma filiação estimada de mais de sete mil membros. Em 2007, o seu líder, Manuel Lopes, pereceu em um confronto com o Korka.

Ikatan Kera Sati (IKS) — originado na Indonésia, como o PSHT, foi fundado, no Timor-Leste, em 1995, por estudantes que viveram na Indonésia. Alguns de seus membros combateram pelas Falintil. O grupo tem grande participação de mulheres e mantém maior rivalidade com o PSHT e o Korka.

Todos estiveram envolvidos nos incidentes de 2006. O 77 e o PSHT tiveram um grande enfrentamento em 2007, o que resultou na morte de seguidores de ambas as partes. Em 2008, o governo do Timor-Leste editou a Lei n.º 10/08 para disciplinar as atividades desses grupos e facilitar a redução dos problemas sociais geradores da violência no país.

Dizia-se muito, entre o próprio povo, que existiriam elementos dos grupos de artes marciais infiltrados na F-FDTL e na PNTL, de onde se presumiria que eles receberiam armas e munições, mas isso nunca foi provado.

Finalmente, cabe salientar ainda que as duas maiores empresas de segurança privada do país possuem fortes ligações com esses dois grupos. O PSHT teria algo a ver com a *Maubere Security* (estima-se em 90% dos funcionários), já o 77 estaria ligado à antiga Seprosetil, atual APAC.

A atuação deles sempre foi muito controlada pelo governo. Embora seja uma tradição muito forte e respeitada, sempre houve alguns desvios das boas intenções.

Em 2013, o governo havia determinado, por resolução, a extinção dos grupos PSHT, IKS e Korka, bem como a proibição de toda e qualquer atividade ilegal associada aos grupos de artes marciais. A aprovação dessa resolução permitiu que fossem adotadas diversas medidas para repor a ordem pública e, ao mesmo tempo, garantir a segurança no seio da população.

Porém, na prática, os grupos se mantiveram em atividade. Em 2017, o parlamento timorense definiu o regime jurídico relativo à prática de atividades ligadas às artes marciais e rituais, armas brancas e o uso de flechas.

No início de 2020, o governo voltou atrás e revogou a medida que extinguia os grupos. Na verdade, a extinção nunca aconteceu na prática, e o governo julgou mais sensato manter controle acirrado sobre tais grupos.

4. Trânsito

Durante o tempo em que vivi no Timor-Leste, pude verificar que o trânsito também se destacava com importante impacto na segurança. Devido ao baixo nível de organização e carências que havia e ainda há no transporte público, a população se utilizava e se utiliza de diversos veículos tipo *van*, conhecidas como *"mikrolets"*, que circulam pelo país sempre superlotadas, com cargas amarradas sobre e ao lado das tais *mikrolets* e sem pontos de parada apropriados.

Os ônibus urbanos e rodoviários ainda são muito raros. Podem-se ver ônibus que partem de Díli para a Indonésia, mas dentro do próprio Timor-Leste só se veem as pessoas nas *mikrolets*, micro-ônibus ou mesmo caminhões, sem qualquer segurança ou controle do poder público.

As motocicletas de baixa cilindrada também são muito utilizadas para o transporte de famílias inteiras. Curiosamente, é raro ver os que utilizam espelhos retrovisores. No país, eles retiram os retrovisores das motocicletas, mas não há uma razão lógica para isso. É muito comum o transporte de mais de uma criança pequena e até de colo nesses veículos.

A situação da infraestrutura viária do país é também precária. A idade média da frota circulante é elevada e há muitos veículos deteriorados. Havia uma tendência de rápido crescimento em face do período de estabilização política e econômica, porém, como observei em 2018, pouca coisa tinha mudado quanto a essa infraestrutura viária.

Tanto na periferia como no interior era e ainda é também muito comum a interferência de crianças e animais nas vias. O risco de quedas, atropelamentos e acidentes em geral era muito grande. A condução de veículos no país devia ser extremamente atenciosa para prevenir acidentes que, no meu caso, se envolvesse alguma viatura da UNMIT, já se presumia o agravamento de cobranças por parte do envolvido/da vítima. Esses casos normalmente traziam às vítimas uma expectativa de ressarcimento financeiro, em face da desigualdade social entre as partes.

Houve muitos relatos de vítimas queixosas de evasão de local de acidente por parte de servidor da UN, como também de denúncias falsas de acidentes/danos por parte de cidadãos de má-fé.

5. Drogas ilícitas

Uma rápida análise conjuntural, na época, demonstrava um quadro muito preocupante em relação a esse importante fator, consideradas as deficiências de educação, esporte e lazer, além das já mencionadas de emprego e de trabalho. Essas importantes áreas de governo, combinadas com outros aspectos listados a seguir, potencializavam os riscos à segurança pública e ao bem-estar da população quanto ao assunto drogas (entorpecentes):

– A idade média da população do Timor era, em 2010, cerca de 18 anos e atualmente está na faixa de 21 anos. A faixa da população de 0 a 14 anos é de 34,7%.

– Grande número de jovens eram mobilizados em grupos rivais de artes marciais, sob suspeita de liderança e participação de membros das F-FDTL e PNTL.

– Não havia uma lei específica para os crimes relacionados às drogas e entorpecentes. A lei, todavia, somente foi aprovada seis anos após eu deixar o país, em outubro de 2016.

– A PNTL ainda não possuía capacidade operacional para prover efetivamente o policiamento marítimo e de fronteira, fato que ainda é uma realidade.

– A F-FDTL também não possuía efetivo e equipamentos suficientes para complementar e integrar um plano de proteção com a PNTL nesse sentido.

– A Indonésia — único vizinho — possui uma das mais rígidas legislações antidrogas do mundo.

– Havia relativa proximidade geográfica com países asiáticos que abrigam perigosas organizações criminosas, como a Máfia Chinesa.

O acesso clandestino de estrangeiros pelo litoral e pela fronteira (fragilmente guarnecidos) concorre para o silencioso agravamento desse problema.

Tal vulnerabilidade tem também facilitado muito a ação do crime organizado na prática do tráfico de seres humanos e da prostituição, bem como do contrabando, descaminho e da pesca ilegal. Há constantes relatos da presença de barcos pesqueiros estrangeiros ao longo de toda a costa timorense.

O Serviço Nacional de Informações ainda se encontrava, em meu tempo no Timor, em formação. Na PNTL, as atividades de coleta, análise e tratamento de dados para a produção de Inteligência de Segurança Pública (ISP) ainda eram muito incipientes. Inexistiam, por exemplo, a Análise Criminal e a aplicação de ferramentas tecnológicas para a produção de conhecimentos em nível estratégico.

Infraestrutura

O potencial turístico do país, a partir de 2008, despertou o interesse do empresariado de países vizinhos. Porém, a economia timorense ainda se encontrava e se encontra muito dependente dos investimentos estatais em obras na (fragilíssima) infraestrutura, as quais são necessárias em todos os seus 13 distritos.

O Timor-Leste possuía reservas monetárias, nos EUA, da ordem de quatro bilhões de dólares, tendo sido obtidas por via de um acordo bilateral com a Austrália para a extração de petróleo e gás no subsolo de suas águas territoriais.

O ano de 2009 foi instituído pelo governo como "o ano das infraestruturas". Entretanto, como a execução físico-financeira não conseguiu alcançar resultados expressivos, o governo propôs, ao Parlamento Nacional, uma ampliação dos investimentos nessa área.

Desde o final de 2010, quando deixei o Timor, foi mantida essa prioridade. Inclusive, pude observar, ao longo de 2010, a maciça entrada de chineses para trabalharem nos canteiros de obras de infraestrutura.

No início de 2010, a China ganhou uma licitação internacional para a montagem de uma infraestrutura elétrica no país, com a implantação de geradores termoelétricos e instalações das torres de alta tensão em todo o país.

A estratégia da política externa chinesa seria permitir a entrada de milhares de chineses no Timor-Leste, buscando enfraquecer a influência de empresários de grupos portugueses e australianos.

Por conta dessas obras, os chineses obtinham facilidades com relação à lei de imigração. Além disso, pelo contrato, os operários não seriam contratados entre timorenses, seriam chineses, vindos em grandes levas para as obras.

Isso está gerando uma outra forma, por assim dizer, de escravidão em Timor-Leste. Os chineses, tailandeses, filipinos, alguns indonésios e outros em menor escala são os empresários e donos de lojas, donos de pequenos escritórios e outros ramos de atividade, de modo que o povo timorense, em si, tem ficado apenas como mão de obra barata e sem especialização alguma.

O problema, em minha visão, é que, para cada chinês que entrava com o objetivo de atuar nas grandes obras, ao menos sua familia o acompanhava. Assim, o número de chineses em Timor, desde minha chegada ao país, cresceu muito; e isso se manteve até os dias atuais. Isso sufoca os espaços para o crescimento individual do próprio timorense, que se vê excluído em muitas situações dentro de sua própria casa.

É muito comum que, nas lojas, tanto em Díli quanto em Maliana (fronteira com a Indonésia), os donos sejam chineses ou de outra nacionalidade da Ásia, enquanto os vendedores são timorenses.

Na realidade, não se pode, ainda, dizer que há infraestrutura no Timor-Leste. Só para que se possa ter uma ideia, em quase 100% dos sucos que são jurisdicionados pelo escritório dos Oficiais de Ligação de Baucau, em 2009/2010, em um total de 147, não existia água encanada e nem eletricidade. Era muito comum ver crianças nas estradas carregando, em carrinhos de madeira, galões de água que foram enchidos em rios ou fontes naturais.

Presença estrangeira

1. Dentre as entidades estrangeiras presentes no Timor-Leste, no período de 2009/2010, destacavam-se:

    – A UNMIT;

    – A *International Stabbilization Force* (ISF – Exércitos da Austrália e Nova Zelândia mobilizados por acordos bilaterais);

    – Agências das Nações Unidas (UNDP, ILO, UNICEF, WHO etc.);

Memórias de um ano em terras Mauberes: uma missão na Ásia

– Agências de outros países (EUA – USAid; Austrália – AusAid; Japão – JICA; Comissão Europeia etc.);

– Acordos bilaterais de cooperação (Portugal, Brasil, Cingapura etc.);

– Diversas ONGs estrangeiras.

Essas organizações sempre buscavam investir altas somas no apoio à estabilização do pequeno Timor. Juntas, essas agências possuíam um quadro estimado de 4 mil servidores — estrangeiros, em sua grande maioria — que participavam ativamente da movimentação da economia timorense.

Levando-se em conta que o Timor-Leste adotou o dólar americano como moeda oficial, era claro que a economia local, em boa dose, se suportava nos investimentos e na presença estrangeira.

2. Polícia da ONU (UNPOL)

O efetivo geral empregado na UNMIT flutuava em torno de 1.560 policiais de 40 países, aí incluídas as quatro *Formed Police Units* (FPU) de Portugal, Malásia, Paquistão e Bangladesh.

As FPU tinham um efetivo de uma companhia policial e estavam distribuídas nos distritos de Díli (com duas FPU), Bobonaro e Baucau. Permaneciam aquarteladas em regime de pronto-emprego para intervenções emergenciais e preventivas no controle da ordem pública.

Cumpriam turnos de 24 horas em serviço por 48 horas de folga. Seus integrantes ingressavam em grupo na missão e cumpriam um período de seis meses em serviço, sendo substituídos ao término desse tempo.

Os UNPOLs ocupavam as demais funções típicas do serviço policial e cumpriam período de um ano em serviço, que podia ser estendido por períodos sucessivos de seis meses, mediante requerimento dos interessados e devido às aprovações do Comando da UNPOL e da representação dos respectivos países na ONU, em Nova Iorque. Conheci um salvadorenho que já morava em Baucau desde 2007. Ele ficou cerca de quatro anos em Timor, tendo ido embora, portanto, em 2011.

A PNTL trabalhava, nessa época, em paralelo à UNPOL, de modo a aprender e sedimentar as melhores práticas de comando e execução do serviço. O Comando Geral da UNPOL iniciou, em 2010, um plano de transmissão gradual das responsabilidades à PNTL (*resumptions*). Essa entrega seria na medida em que as condições administrativas e de operacionalidade fossem consideradas satisfatórias em cada um dos 13 distritos em que se divide o país.

A transição completa aconteceu em 2010, quando a UNPOL passou a ser apenas uma entidade para assessorar e instruir o trabalho da PNTL. A partir daí, não cumpria mais missões de policiamento.

Polícia Nacional do Timor-Leste (PNTL)

O Comando Geral da PNTL optou pela adoção de uma estrutura organizacional militarizada, pois a consideravam mais adequada à cultura timorense e à compreensão, por parte de seus membros, de sua missão institucional e de seus deveres específicos. Na sequência da reorganização da PNTL, o governo timorense, com o apoio da UNMIT e por meio de acordos bilaterais com os governos australiano (*Timor-Leste Police Development Program*) e português, iniciou o regime provisório de promoções e revisão da remuneração dos membros da corporação.

Essa medida era muito aguardada pelos policiais timorenses, uma vez que os militares da Falintil – Forças de Defesa de Timor--Leste (F-FDTL), envolvida na crise de 2006 com a própria PNTL, já haviam sido contemplados com processo semelhante. Os efetivos da F-FDTL e da PNTL, em 2010, eram de 717 (10% mulheres) e 3.178 (18,2% mulheres), respectivamente. O texto legal definiu as posições hierárquicas como postos.

Conclusões parciais

Para uma conclusão parcial e, ao mesmo tempo, para dar a cada leitor uma visão mais realística do ambiente de trabalho em Timor-Leste, farei um pequeno resumo do que foi exposto até este ponto e apontarei algumas ideias conclusivas sobre o Timor-Leste.

A situação política no Timor-Leste não era estável pelos idos de 2009/2010. A saída da UNMIT do país, em 2012, foi um grande sinal do avanço da estabilidade, porém sempre há espaços para atuar na prevenção.

Um potencial gerador de crise é a organização administrativa. O país tem um sistema de administração por sucos (vilas), em que os chefes são eleitos pelo povo, possuem um grande *status quo*, mas não possuem autonomia para gerir projetos. Isso tem desanimado muitos chefes de suco que, após anos lutando pela melhoria de seu suco, desistem e não concorrem à reeleição.

Todos os projetos e programas são controlados e centralizados pelo governo em Díli, e isso também tem sido questionado, uma vez que vem travando a melhoria da infraestrutura do Timor (um país menor do que o estado do Rio de Janeiro, em que para se viajar em um trecho de 120 km em rodovia asfaltada — precária, claro — leva-se três horas).

Quanto aos serviços públicos e à economia, é um país muito incipiente e cujos serviços são precários. A partir disso, há uma dependência muito elevada por entidades estrangeiras que gerenciam algumas áreas e, obviamente, um estrangeiro, presumivelmente, não tem o mesmo interesse de um timorense. Um exemplo disso era a empresa Timor Telecom, que era gerida, em sua maioria, por portugueses.

Segurança pública: só não é um grande problema, porque, por questões culturais, o povo timorense não é dado à muita violência. Ao contrário disso, nesse belo país, quando alguém rouba algo, mesmo sem valor, é um problema social muito grande; eles não aceitam isso.

O Timor-Leste, por ora, em termos de uma melhor infraestrutura, resume-se à sua capital, infelizmente. Em Díli, circulam pessoas de elevado nível em termos estratégicos. São elas o presidente, o primeiro-ministro, os embaixadores, os ministros, os representantes de entidades governamentais de Portugal, dos Estados Unidos, da Austrália, entre outros, além de uma gama de gerentes e de executivos de multinacionais que estão iniciando atividades no Timor-Leste.

No Timor-Leste, uma maioria da população ainda não fala o português. Embora o país integre a Comunidade dos Países de Língua Portuguesa (CPLP), é raro encontrar alguém que fale o português e, quando se encontra, a pessoa já esqueceu muita coisa.

Os estrangeiros ainda são os que impulsionam o país. Os melhores quadros do Timor, mormente da classe dos profissionais liberais, foram embora para a Indonésia quando o país se libertou. Desse modo, não são encontrados advogados, contadores, médicos, prestadores de serviço e outras categorias importantes para a economia que sejam timorenses. Esse são raros e estão em Díli. Por isso, muitas dessas atividades são feitas por estrangeiros. Na justiça, existem muitos portugueses e brasileiros ocupando cargos importantes do Poder Judiciário do Timor.

Na segunda parte dessas conclusões, quero apenas alinhavar, sem o viés acadêmico, algumas ideias-chave que caracterizam a nação Maubere.

O Timor-Leste vem sendo, para vários países parceiros, uma grande janela de oportunidades, seja no campo governamental, seja na esfera privada.

Por se tratar de um país oficialmente de língua portuguesa, o Brasil possui uma grande entrada junto à população timorense. Isso eu observei pessoalmente em meus encontros diários com timorenses. Eles nutrem uma grande simpatia por brasileiros, quando se compara com outros estrangeiros, alguns dos quais eles veem como pessoas que querem tirar proveito de algo, enquanto consideram os brasileiros menos preocupados com isso.

Tanto as Forças Armadas quanto a Polícia Nacional do Timor-Leste precisavam receber suporte. Isso não tem sido rápido ou fácil, uma vez que as coisas vêm sendo reerguidas há muito pouco tempo.

Portugal tem entrada em todos os setores no Timor-Leste. Nas telecomunicações, na educação, na justiça, na UNMIT, havia uma unidade de polícia composta só de portugueses, eles possuíam cooperação para a formação do componente naval das Forças de Defesa, enfim, sempre ocuparam os espaços que eram oferecidos.

O Brasil poderia cooperar em todas as áreas como faz Portugal. Os timorenses possuem um respeito muito elevado pelos brasileiros e pelo Brasil.

O povo timorense é um povo pacífico e amoroso. Eles apenas lutaram muito porque deviam se defender. Passaram sua história defendendo-se de algum tipo de invasor. No entanto, estão abertos a culturas como a brasileira, pois nos veem como irmãos, embora estejamos tão distantes.

A liderança política timorense é muito bem-preparada. São antigos guerreiros que lutaram contra o invasor, falam diversos idiomas, são extremamente afáveis no trato e se mostram amplamente abertos a diálogos e a parcerias com aqueles que desejam estender-lhes as mãos e ajudá-los na reconstrução do país.

Acredita-se que os espaços serão preenchidos. Se o Timor-Leste solicitar ao Brasil qualquer tipo de apoio, acredito que essa seja uma boa oportunidade para o nosso país, pois o Timor-Leste é uma excelente ponte para o Brasil, no que pese a distância geográfica, para aumentar seu círculo de influência diplomática na região asiática.

O que tenho observado é que quando alguém não aceita participar de algum apoio que o governo timorense necessita, rapidamente aparece outro país, declarando-se voluntário para ajudar. Um exemplo atual disso é o Japão, que vem aumentando, a cada dia, sua participação na administração do Timor, por intermédio de ONGs.

3

OS PRIMEIROS DIAS NO TIMOR-LESTE

PREPARANDO-SE PARA TRABALHAR COMO OFICIAL DE LIGAÇÃO E A CHEGADA EM BAUCAU

Dias iniciais

Naquela manhã quente de 8 de setembro de 2009, Malafaia me conduziu para sua casa, dando-me todas as dicas possíveis naqueles vinte minutos de deslocamento.

Suas dicas não eram por conta da distância do aeroporto ao centro da cidade, mas porque o trânsito, em Díli, é simplesmente caótico. Deve-se ter muita paciência, o que, definitivamente, meu amigo parecia não estar tendo mais. "Não aguento mais este trânsito", dizia ele. Além de muitos carros nas ruas, os timorenses andam muito lentamente, em especial os taxistas.

Chegamos em sua casa, que era aconchegante, mas pequena. Ele a dividia com um tenente-coronel do Exército Português. Logo que entramos na casa, que era uma de algumas dentro de uma acomodação pertencente a um cingapuriano, ele foi dizendo que, infelizmente, ali era bom, mas apertado, já insinuando que eu não teria como ficar ali.

Eu tinha a informação que iria para Baucau, mas isso podia ter mudado e alguém comentou com ele que eu ficaria em Díli. Daí que vinha a preocupação em deixar claro para mim que não havia espaço na casa onde morava.

Eu estava com duas malas enormes, cheias de coisas desnecessárias, mas que levei pensando que fosse usar ou que não acharia lá para comprar. Excetuando-se uma boa picanha, costela, queijo minas, uma boa muçarela e pão de queijo, o resto você encontra no Timor.

Mesmo nas aldeias mais distantes, sempre havia uma banca de vendas com mercadorias expostas no chão, que, normalmente, chegavam da Indonésia ou da Austrália.

"Vamos logo, Vieira, o coronel Jeremy (um australiano que era, à época, o chefe dos 34 militares que faziam a função de ligação das Nações Unidas com órgãos do governo timorense e outras organizações), está nos esperando para sua apresentação"

Mal sabia o que me esperava nos primeiros dias. Documentação, testes, identificação, carteira de motorista das Nações Unidas, enfim, uma gama de atividades que nem iriam me dar tempo de pensar na dor de cabeça que sentia devido à diferença de fuso horário, o chamado *jet lag*.

O *jet lag* é aquela descompensação devido à diferença de horário, que ocorrem em nosso organismo, causando uma fadiga de viagem. É uma condição fisiológica, consequência de alterações no ritmo circadiano. Ocorre como consequência de uma viagem através de vários fusos horários, o que se tornou comum com as viagens a jato e daí o nome em inglês (*jet*, jato; *lag*, demora, atraso).

Dessa maneira, após uma viagem como a que eu acabara de realizar, passando por vários fusos horários, sentia que meu relógio interno não era o mesmo do horário do local.

"Bora, Vieira, agiliza", insistia o Malafaia. Enquanto isso, eu estava perdido, tentando achar meus coturnos, minha camiseta e vestir-me para ir ao Obrigado Barak II, a base onde a UNMIT concentrava seus escritórios e as suas agências em Timor-Leste (ver www.unmit.org).

No Timor, após o início da UNMIT, em 2006, o Brasil enviava, anualmente, quatro oficiais de ligação, sendo dois fuzileiros navais, um oficial de Aeronáutica e um do Exército.

Meu antecessor, que havia encerrado sua missão em Baucau, o na época tenente-coronel Alexandre Cardoso Nonato, hoje, coronel da reserva do Exército, havia deixado um aluguel pago em Baucau, antecipado, para o caso de eu ir para aquela localidade. Ele saiu do Timor antes da minha chegada e, por causa disso, não tivemos tempo de trocar algumas informações por lá. Desse modo, meu primeiro grande ponto de apoio e referência foi o Malafaia.

Ao chegarmos no Obrigado Barak II, eu devia seguir todas as normas de segurança para entrar no local, pois eu ainda não tinha identificação da ONU. Finalmente, cheguei diante daquele que seria meu chefe durante toda a missão.

O coronel Jeremy Logan, alto e bem claro, só me deixou entender o primeiro *"good morning"*. Depois disso, por causa do hábito de alguns australianos de falar baixo e com sotaque carregado, não entendi mais nada. Eu apenas sorria e dizia *"thank you"*.

Saindo de sua presença, o Malafaia levou-me ao seu gabinete, onde trabalhavam quatro oficiais de ligação. Havia um português, um outro australiano, que era o líder dessa equipe de Díli, um neozelandês e o Malafaia, brasileiro.

Além desses, trabalhava com eles um intérprete timorense, com quem fiz uma excelente amizade, o Joaquim, nome familiar para nós do Brasil. Malafaia apresentou-me a eles e logo levou-me ao gabinete da administração dos oficiais de ligação.

O local era uma espécie de escritório, ligado diretamente ao coronel Logan e a seu subchefe, que, à época, era um coronel português, que tratava de toda a parte administrativa, como pagamentos, dispensas (*leavings*), viagens e outras questões que envolviam a equipe chamada MLG (*Military Liaision Group*).

Quem, de fato, gerenciava isso tudo era a Daphne Sandino, uma nicaraguense pertencente ao *staff internacional* da ONU, ou seja, era uma funcionária de carreira da ONU, que tinha como assistente um timorense, o José, aliás, outro nome bem familiar para nós brasileiros e outra pessoa com quem firmei excelente amizade. Todas as vezes que estive no Brasil, durante meu tempo lá, José pedia-me alguma lembrancinha.

Daphne já estava há mais de seis anos no Timor-Leste, morava com uma filha e era uma pessoa extremamente dinâmica. Resolvia os problemas dos MLG (nome que recebíamos pelos funcionários da UNMIT) com muita rapidez e, quando queríamos pedir algo mais difícil de se conseguir diretamente com o chefe dos MLG, dávamos um jeito de pedir à Daphne, e ela convencia o coronel Logan sobre o que estávamos solicitando.

Daphne, sem dúvida alguma, foi essencial para meu êxito na missão, haja vista que, além do inglês falado pela ONU, ela era nativa do espanhol e compreendia muito bem os brasileiros quando falavam o português. Isso facilitou, em muito, meu trabalho e meus objetivos durante meu tempo em solo timorense.

Dessa forma, tão logo fui apresentado a ela, mesmo com os olhos fundos de sono e cansado, pensando apenas em qual hotel o Malafaia ia me deixar, Daphne já me acionou, prontamente, e levou-me ao setor de identificação. Disse-me ela: "Vamos logo fazer sua ID (identidade); assim, amanhã, já entras aqui com facilidade. Isso é o mais importante a se fazer agora".

Tão logo me deixou no setor de identificação, já me alertou para esperar por ela ali mesmo onde eu estava, pois ela ia tentar agendar minha presença no setor de pagamento, para eu preencher documentos que deveriam gerar os direitos e as condições para o pagamento de minhas *Mission Subsistence Allowance* (MSA), uma espécie de ajuda de custo.

As Nações Unidas pagam essa ajuda levando-se em conta o grau de perigo da missão. Naquele mesmo dia, Daphne repassou-me mil dólares e informou-me que aquele valor em espécie era para minha subsistência em algumas semanas, descontando-se aqueles mil dólares quando eu recebesse meu primeiro MSA.

Meu Deus, que correria! E eu só pensava no hotel onde poderia dormir para que pudesse descansar da viagem.

Nesse intervalo, o Malafaia devia estar no PX. Esse PX era o oásis que havia na base em Díli. Tinha uma lanchonete que servia comida, lanches, café, leite com café, *cappuccino* e outras bebidas.

Além da lanchonete, no mesmo espaço, tinha uma loja, uma espécie dos antigos reembolsáveis que havia no Brasil, onde os integrantes da UNMIT podiam comprar coisas interessantes.

Na loja do PX, havia perfumes, bebidas, diversos tipos de alimentos, frios, pães, enfim, tudo que um estrangeiro gostaria de comprar para usufruir do lado de fora da base.

Apesar de ser um bom local de compras, os preços no PX, em muitos casos, eram mais altos do que nos mercados de Díli, que, aliás, eram bons, porque tinham de tudo. Alguns, comandados por cingapurianos, pareciam com nossos hipermercados, e tinham de tudo mesmo. Não eram tão grandes, mas eram bem sortidos.

Pelo menos isso já ia me tranquilizando, e eu já teria palavras para tranquilizar minha esposa e minha mãe, que pensavam seriamente em mim, achando que eu iria passar fome. Tamanho engano!

Não deu outra. Ele veio até mim e disse-me: "Venha comigo relaxar um pouco que você está com fome, vou pagar-lhe um bom café". Nem acreditei naquilo. A Daphne atrás de mim e eu atrás do Malafaia buscando um café. Creio que, a essa altura, já havia passado da hora do almoço. Ele, quase sempre, em Díli, almoçava no restaurante do Hotel Timor: o principal e mais tradicional hotel em Díli.

De fato, a comida que lá serviam era deliciosa, creio que ainda o é. Também pudera, comida portuguesa! Que beleza! Eu, a doze fusos horários de distância de minha família, regalando-me com comida quase brasileira. Não sabia que meus poucos dias em Díli passariam tão rápido.

A Daphne rapidamente me encontrou no PX. "Vieira, assim que terminar seu lanche, por favor, venha até minha sala para que possamos agendar seu teste de motorista das Nações Unidas e sua matrícula no *Induction Training*".

O *Induction Training* é um treinamento de dois dias que todos os recém-chegados a qualquer missão da ONU devem fazer para se ambientar com o país onde irá atuar e reciclar diversas normas e legislações da ONU.

Além desse treinamento, o integrante é obrigado a realizar outros cursos *on-line*, sem os quais, junto a sua habilitação para direção de veículos, o MLG não está aprovado para a missão.

Assim, estava acabando meu primeiro dia no *campound* (base) em Díli, ou seja, no Obrigado Barak II. Entretanto, eu não parava de pensar em qual hotel Malafaia iria me levar e como seria o café da manhã no tal hotel. Afinal de contas, eu precisava muito descansar.

Figura 3 – Página da rede interna da UNMIT com os cursos realizados em quatro dias

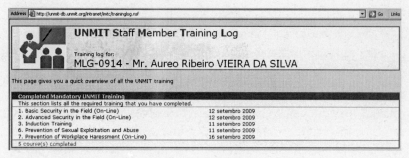

Fonte: o autor

O Hotel Novo Horizonte

Dia 9 de setembro ainda. Deviam ser quatro da tarde. Finalmente, o Malafaia, com seu amigo de casa, ia me apresentar algum hotel.

Logo de início, ele me falou de um hotel onde havia muitos portugueses, localizado na Avenida Areia Branca (que era a longa avenida da praia de Díli), e onde o meu antecessor costumava ficar quando ia a Díli.

Chegamos ao hotel por volta das 17 horas, e, logo que entrei, o gerente, um tal Vasco, recebeu-me com uma simpatia contagiante. Além do mais, ele era um português que já estava há algum tempo no Timor como gerente daquele hotel, de modo que não pestanejei um só segundo: "Malafaia, é aqui mesmo que vou ficar, vamos desembarcar as malas que eu preciso dormir".

No dia seguinte, dia 10 de setembro, uma quinta-feira, eu iniciaria o *Induction Training*, e não havia muito tempo para ficar procurando local para acomodar-me — apesar de que ainda pairava a dúvida sobre se eu iria mesmo ou não para Baucau.

O Malafaia também parecia estar com pressa e despediu-se rapidamente, marcando o horário para o dia seguinte. Ficou marcado que, logo de manhã, às 7:15, ele me apanharia no mesmo estacionamento em que me deixara.

Como eu já havia gastado alguns dólares no PX, eu decidi que nem ia sair à procura de comida, pois tinha alguma coisa para comer no próprio hotel. Ficava a expectativa do café da manhã do dia seguinte.

Hotel bom é hotel que serve um delicioso café da manhã. Esse foi um dos princípios que decidi adotar, tratando-se de viagens. Embora em muitos lugares, hoje, no mundo, o café da manhã não esteja incluído na diária, é pelo café da manhã que se avalia, normalmente, o carinho de um hotel com os seus hóspedes.

No Hotel Novo Horizonte, que ficava localizado na Avenida Areia Branca, a avenida da praia de Díli, moravam muitos estrangeiros. Pode-se dizer que, à época, quase 100% da ocupação do hotel era de estrangeiros, sendo a maioria de portugueses e australianos.

Foto 2 – Estacionamento do Hotel Novo Horizonte

Fonte: o autor

Fiz meu primeiro *check-in* naquele hotel de Díli e fui para o quarto. Era bem pequeno. Comportava a cama de casal, um pequeno espaço à frente, com cômoda, mesa para a TV e o banheiro, que, levando em conta as condições do país ao qual eu chegava, era muito bom. Tinha água quente, embora não se precisasse, e, no apartamento, tinha ar-condicionado, para amenizar o calor *cuiabano* de Díli — eu havia morado, de 1998 a 2000, em Cuiabá, no Mato Grosso, e conhecia bem aquele tipo de calor.

Os dias 10 e 11 de setembro seriam dedicados ao *Induction Training*, mas, nos intervalos, eu tinha de me apresentar à Daphne para saber das providências e do agendamento para a prova de direção. "Ai, meu Deus!", vivia pensando em rápidos *flashes* mentais. Ocorria que, como minha preparação no CIOpaz havia sido muito rápida, não realizei treinamentos em veículos com o volante ao lado direito, de modo que eu só pensava nisso.

Como ia enfrentar um teste de direção, com baliza e percurso externo nas ruas de Díli, sem jamais ter dirigido do lado direito de um carro? Isso me dava uma relativa ansiedade, mas eu a escondia, pois, ao mesmo tempo, pensava que seria tranquilo.

Naquela noite do dia 9, arrumei tudo o que pude, em termos de bagagem, e preparei muitas coisas para jogar fora também. Tentei dormir, mas uma leve dor de cabeça me incomodava, pois ainda sofria o *jet leg* — e isso não termina tão rápido. Porém, apesar da leve dor de cabeça, peguei logo no sono. Havia marcado para me levantar às 6:30.

Era o dia 10 de setembro. Acontece que, nessa minha primeira manhã no hotel em Díli, fui despertado por uma sinfonia de galos, que começaram a cantar por volta das cinco da manhã!

Aí, juntaram-se a distância da família e as lembranças da minha infância, quando viajava com meus pais para Icém, uma pequena cidade no interior de São Paulo, na divisa com Minas Gerais, pela rodovia BR 153, localidade onde existiam várias rinhas de galos.

Nessa época, por volta do final dos anos 1980, ainda as brigas de galos eram autorizadas no Brasil, e vi isso algumas vezes. Depois, quando eu tinha em torno de 11 anos, eu mesmo criei uma galinha e dois galos, sendo que um deles era de briga. O famoso Galo Índio. Havia sido presente da empregada que ajudava minha mãe nas tarefas domésticas.

Desse modo, quando ouvi os galos vizinhos ao hotel cantarem, percebi que a linguagem deles era universal: na longínqua terra do Timor, eles falavam a mesma língua que no Brasil. Eles amanhecem agradecendo a Deus, e acordando a todos que estão ao lado deles. E eram muitos! Em Timor, a briga de galos é muito comum, conforme já expliquei anteriormente, e posso afirmar que, no um ano e 10 dias lá passados, não houve um dia sequer que eu não tenha ouvido o cantar de um galo. Eles estão por todas as partes.

Fiquei ali mesmo, pensando em minha infância, em minha esposa grávida, nas minhas filhas e, claro, no galo. Já imaginava que, na manhã do dia 11, eles me acordariam novamente. Ah, sim! Pensei também em como seria meu primeiro café da manhã no hotel Novo Horizonte, para o qual eu me dirigiria em alguns minutos. De fato, seria meu primeiro café em Timor-Leste.

Como não dormi mais, aproveitei para terminar de arrumar as coisas e deixá-las mais organizadas. Por volta, então, das 6:45, segui para o refeitório do hotel que, para minha grata surpresa, já estava quase lotado, com algumas mesas ainda vazias e com um belo *buffet* — mas eu deveria me certificar, antes, um pouco de algumas coisas, antes de pegá-las para comer. Não tinha certeza sobre o que serviriam no café.

Grata surpresa! Havia muita influência portuguesa: café, leite, pão — não o nosso, claro, mas pão —, tanto o famoso pão timorense quanto pães fatiados, manteigas, geleias, ovos, *bacon*, tudo o que um brasileiro poderia esperar de uma refeição, cuja regra geral, nos países asiáticos, é servir-se de comida no café da manhã.

Nossos amigos portugueses o chamam de pequeno almoço. Que nada! Era um farto e gostoso almoço aquele café do Novo Horizonte.

Já sentado, deliciando-me do pão timorense (era um pão parecido com o pão caseiro brasileiro, pequeno, mas com quase nada de fermento, o que o deixa muito duro), veio ao meu encontro um homem, vestindo azul, sem a insígnia da ONU em sua farda. Pensei ser alguém que até me conhecia.

Parou ao meu lado e perguntou-me, em claro português, se eu era o substituto do Nonato, e eu apenas mexi minha cabeça dizendo que sim. "Sou o Guerreiro. Muito prazer, sou chefe de uma missão da Marinha Portuguesa aqui em Timor-Leste, e o que precisares de mim, conte comigo", disse ele. "Claro", eu respondi, "pode começar se sentando aqui comigo!".

Estava começando uma amizade muito boa e profunda. Jorge Manuel Guerreiro veio a se tornar um grande irmão para mim, não só durante o tempo em Timor-Leste, mas até os dias de hoje.

Mal pude aproveitar aquele café delicioso, quando vi, pela janela do refeitório, o Malafaia entrando com a camionete branca que ele compartilhava com seu amigo de casa. A camionete que ambos usavam no dia a dia era aquela Land Cruser Prado, uma bela e confortável *pick-up*.

Apressei-me em engolir aquele pedaço de pão timorense e corri para a minha carona. Não queria, em hipótese alguma, passar uma ideia de despreocupação ou desinteresse, afinal de contas, era meu segundo dia em Díli.

Ao chegar no *campound*, os meus amigos deixaram suas bolsas no gabinete de trabalho e foram para a cantina da base. Aí, eu, que já havia me enchido no café do hotel, apenas os acompanhei para ir me inteirando das coisas por ali. Na realidade, as 8:30 eu devia estar do outro lado da rua, no auditório, onde iniciaria o *Induction Training*.

Como havia poucas coisas para terminar de concluir nesse 10 de setembro, já foi um dia mais calmo. Eu ia mesclando as aulas e palestras do treinamento inicial com medidas administrativas que deviam ser tomadas. Nesses dias, haviam chegado, para a missão, também dois oficiais da Malásia. Ambos eram muito simpáticos e afáveis. Um deles era tenente-coronel, o Roslin; o outro, que viria a ser meu amigo de escritório, em 2010, era major, o Syed.

Como eles estavam mais perdidos que eu, de repente, eu passei a dar dicas a eles, o que, de algum modo, me deu um pouco mais de tranquilidade. Se eu me sentia um pouco perdido, pensava que, pelo menos, havia gente ainda mais perdida que eu. Dessa forma, nós nos juntamos para fazer os cursos que deviam ser feitos, e ali passamos o dia.

Uma coisa inusitada ocorreu. Os cursos eram via *intranet* da UNMIT e, após passar por fases intermediárias, fazia-se a prova. No entanto, para a prova, não se podia voltar ao conteúdo. Assim, os malaios fizeram uma vez e não atingiram a nota 5. Como eu já havia terminado tudo e bem rápido, eles ficaram intrigados e vieram até mim, perguntando-me se eu tinha as respostas prontas para dar-lhes. Disse-lhes que não tinha, e aí eles ficaram mais inquietos ainda, pois não se conformavam com o fato de eu ter feito as questões e acertado quase tudo, e eles, não.

Expliquei-lhes que, à medida que eu fazia as lições, eu salvava as páginas em que havia o conteúdo, em um arquivo do PowerPoint, e, quando ia realizar as questões, eu tinha de onde extrair as respostas corretas.

Ambos ficaram admirados com isso, como se fosse algo revelado por Allah (eram islâmicos). Ocorre que uma coisa que depreendi, durante meu tempo em Timor, foi que criatividade como a do brasileiro não existe. Os outros povos, talvez por terem sofrido menor miscigenação, são muito formatados, são engessados em criatividade.

Essa característica me ajudou muito durante a missão, levando-me a ocupar os postos de *deputy tem leader* (subchefe) e *team leader* (chefe), cargos que, normalmente, no Timor, eram entregues a militares de países com inglês nativo ou em que o inglês fosse língua oficial do país.

Desse modo, assistindo a palestras e, nos intervalos, em especial, no do almoço, quando aproveitávamos para fazer os cursos *on-line*, mais um dia se findou. As coisas começaram a fluir. O tempo começou a andar rápido.

Naquela noite do dia 10 de setembro, eu estava em meu apartamento, arrumando coisas, colocando ordem nas malas, quando meu telefone móvel tocou. Era o Guerreiro, dizendo para ir logo ao seu apartamento, que ele tinha algo urgente para me dizer. "Ora", pensei, "como uma pessoa que eu havia conhecido naquela manhã podia ter algo urgente para mim?".

Saí, na curiosidade, de fato, correndo. Ao chegar a seu quarto, que era mais amplo que o meu (pois ele já estava ali há mais de sete meses), vi que havia um clima de festa. Quando entrei, fiquei sem graça. Várias pessoas ali, comendo e conversando.

Ele havia assado um pão com *bacon* (parecia coisa do Brasil!), e o servia com café quente, que ele passava ali mesmo. Puxa! Como aquilo me marcou. Uma pessoa que eu jamais tinha visto na vida: alguém que conhecera naquela manhã, tendo uma atitude daquelas comigo.

Na ocasião, ele me apresentou a seus amigos, quase todos da Marinha Portuguesa, e ali fiquei por pelo menos uma hora, comendo pão caseiro com *bacon* e tomando café quente. Na realidade, era café com leite em sachê, que facilmente se comprava nos pequenos mercados de Díli.

Saí dali muito grato ao Guerreiro pela alegria que me conferiu e fui dormir. Teria de enfrentar, ainda, mais um dia de curso, assistindo a diversas palestras.

Nessas palestras, aprendemos sobre a história do Timor-Leste, sobre a organização da ONU naquele país, sobre o respeito aos gêneros, sobra as regras de conduta e comportamento durante a missão, enfim, era ali que éramos introduzidos à UNMIT de modo formal e legal.

Alguns que ali estiveram comigo e que cometeram algum erro nas regras que eram ensinadas voltaram mais cedo para suas casas. Eles, porém, não eram do meu grupo de militares de ligação — eram da Polícia da ONU, a UNPOL.

Finda-se o *Induction Training*, começa meu primeiro final de semana em Díli. Passei quase todo dormindo e recuperando-me do *jet leg*, ou seja, assim se passou a maioria do tempo daquele final de semana.

Na segunda que se seguiria, faria o teste de direção e deveria abrir a conta bancária pela qual a ONU faria o depósito do meu pagamento.

Assim sendo, chegou a segunda, dia 14 de setembro de 2009. Como já vinha ocorrendo, o Malafaia me buscava no hotel e íamos juntos para o *campound*. Eu estava bem tranquilo, afinal de contas, eu havia tido camionete durante alguns anos, e achava que seria bem fácil.

Por volta das 8h30, chegamos ao local de onde saíam os veículos para os testes de direção. No mesmo local, em Díli, encontravam-se a central de transportes, as oficinas mecânicas e tudo o que se referia a transportes e veículos das Nações Unidas no Timor-Leste.

Foto 3 – Entrada das oficinas e garagens da ONU em Díli

Fonte: o autor

Como os testes eram agendados, eles eram realizados dentro dos grupos nos quais os integrantes da missão trabalhavam.

Assim, os recém-chegados que iam trabalhar na Polícia da ONU ficavam agrupados; os civis de algum escritório em particular, como exemplo, o dos Direitos Humanos; nós, os militares de ligação... cada qual com seu grupo.

Desse modo, um dos encarregados de aplicar os testes vinha até nós e saía com cada grupo. Isso significava que, naquele dia, eu sairia mais rápido, pois éramos em três. Isso não aconteceu com um grupo de policiais da Ucrânia que lá esperavam para o teste. Eles estavam em mais de 15, e, segundo conversei depois com um deles, só saíram do local bem tarde.

Chegou nossa vez. O aplicador, um africano do Congo, muito educado, explicou-nos como seria a sequência dos testes.

Até que enfim, um inglês que eu entendia claramente, apesar do sotaque africano bem peculiar quando falam inglês. Tínhamos que fazer a prova da baliza. Depois, após cada um realizar e ser aprovado, íamos para as ruas de Díli.

O que eu não esperava me aconteceu. Ao entrar no veículo — eu já era o último a fazer a baliza, que seria uma curva bem extensa e na marcha ré —, lembrei-me de que o volante era do lado direito. Fiquei parado, tudo era invertido. Eu nunca havia dirigido um veículo com a direção inglesa.

Minhas pernas começaram a tremer involuntariamente e sem que eu percebesse. "Meu Deus", pensei imediatamente, "me ajuda aqui agora". Porém, elas não paravam! Tremiam em velocidade constante, e eu precisando dar a marcha à ré e estacionar aquela camionete.

Pensei que ia ser reprovado, mas fui bem devagar e respirando fundo e, quando vi, a camionete estava ali, bem estacionadinha.

Agora, íamos para a rua. Comecei a respirar fundo e, como eu seria o último a fazer o percurso, fui me tranquilizando. Saímos os quatro. O instrutor, o Roslin, o Syed e eu.

O Roslin sempre dizia: *"the tip is to drive very very slow"* (a dica é dirigir bem lento). Ele foi o primeiro a fazer o teste nas ruas de Díli. De fato, ele ia a 10 km por hora.

Acontece que o aplicador tinha uma ficha com diversos quesitos a serem avaliados, divididos em duas colunas. Creio que eram 20 quesitos, no total. Do lado esquerdo, aparecia a palavra "aprovado", e, do lado direito, "reprovado". Não podia ser reprovado em mais de quatro quesitos. Era mais ou menos isso.

O Roslin ia lentamente demais, mas dirigia bem. Fez as rampas corretamente, fez a manobra de três pontos corretamente, e, quando terminou, o aplicador disse-lhe: *"Very well, it is well done"* (Muito bem, isso está bem realizado).

O Syed assumiu o volante, e aí começou um quase desastre. Esse ia devagar demais, entretanto, cometendo erros. Aos trancos e barrancos, Syed finalizou seu teste. Não havia se saído bem, pensei.

Chegou minha vez. Eu assumi o volante, e a autoconfiança percorreu todo meu sistema nervoso, de modo que já saí dirigindo como se tivesse dirigido a vida toda do lado direito do carro. Para meus amigos, que vinham da Malásia, isso era fácil, pois no país deles se usa a mão inglesa, ou seja, volante pelo lado direito do veículo.

Comecei com uma velocidade bem superior à dos meus antecessores, passei logo pelo meio dos veículos e todo radiante. Em menos de cinco minutos, o congolês pediu-me que retornasse para a garagem. Fiquei assustado. Perguntei-lhe sobre as manobras, sobre a rampa, ele apenas sinalizou com o dedo: siga para lá. Acabou.

Minha esperança de me sair bem no teste foi para o ralo. Teria que remarcar novo teste. Três tentativas eram previstas pela ONU. Minha primeira foi perdida, era o que eu pensava.

Chegamos à Seção de Transporte. Ele chamou a cada um, individualmente, e fez um pequeno balanço sobre cada teste.

Quando veio falar comigo, disse-me que eu dirigia muito bem, que era muito confiante e que, por isso, não precisou aplicar o teste completo. Entretanto, ele completou, olhando-me firmemente: "Mas não se esqueça de que você não está no Brasil, você está em Timor-Leste, em Díli. Aqui, todos andam a 5 km por hora. Portanto, seja paciente. Você está aprovado!" Os outros dois foram aprovados também. O Syed passou bem na tangente!

O que importava era que, à tarde, íamos abrir a conta no banco. Tudo era pura adrenalina!

Saímos dali os três, felizes e radiantes. Fomos para o *campound*, onde almoçaríamos e, de lá, íamos para o banco.

Para o teste de direção, a Daphne foi conosco. Já para a ida ao banco, o José ia nos acompanhar.

Cada um teria uma conta no banco português Caixa Geral de Depósitos. Tínhamos que juntar os documentos que preenchemos no primeiro dia, preencher alguns formulários e chegar ao banco com tudo praticamente pronto. Lá, íamos apenas assinar alguns cartões e sair com um cartão provisório da conta que iríamos abrir.

Assim, fomos até a agência da Caixa Geral de Depósitos, o tal banco português, que possui filiais em alguns países de língua portuguesa — um dos quais, o Timor-Leste.

A Daphne estava cansada e pediu ao José que nos acompanhasse até o banco. Mais uma vez, estavam lá os três novatos: eu, Rolin e Syed. Feitas as formalidades para se ter uma conta corrente em mais um banco, voltamos ao *campound*, e o dia, mais uma vez, ainda cansado, terminou.

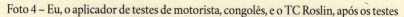
Foto 4 – Eu, o aplicador de testes de motorista, congolês, e o TC Roslin, após os testes

Fonte: o autor

Ainda era uma segunda-feira, e havia uma indefinição sobre meu destino: ir para Baucau ou permanecer em Díli.

Devido a essa indefinição, a ordem era que eu deveria integrar a equipe de Díli e iniciar as tarefas de um oficial de ligação nos contatos com as autoridades locais, fossem em Díli ou em aldeias e vilas no entorno de Díli.

Ficou acertado, então, que, no dia 16, ou seja, na quarta-feira, eu integraria uma equipe que iria às montanhas em um subdistrito perto de Díli (Maubara) para entrevistar um chefe de vila.

No dia 16, isto é, no mesmo dia que eu ia subir as montanhas, o chefe dos oficiais de ligação conseguiu resolver o impasse que estava ocorrendo e decidiu me enviar para Baucau mesmo. Como a tarefa do dia 16 já estava marcada, fui junto, na patrulha, e comecei me preparar para a viagem a Baucau, que seria no dia 18.

No dia 16, conforme acertado, fomos para dois destinos diferentes, na sede administrativa do subdistrito de Maubara e no suco (subdivisões políticas dos subdistritos) chamado Bazartete.

Finalmente, chegou o dia 18, data de minha primeira mudança. Iria para Baucau, onde, de fato, os desafios das missões que ia cumprir teriam o seu início.

CHEGADA E TRABALHO EM BAUCAU

OS PRIMEIROS SEIS MESES NA PORÇÃO "LOROSAE"

Baucau

Logo na manhã do dia 18, às nove horas, eu já estava no UN Airport de Díli. Tratava-se de um espaço dentro do aeroporto da capital timorense, a partir de onde a UNMIT conduzia os deslocamentos para os distritos e para Darwin, na Austrália. Para os distritos, havia voos diários, em grandes helicópteros russos, e, para Darwin, os voos eram dois por semana, em pequenos aviões.

Por uma inusitada situação, além do fato que, para Baucau, a estrada permitia bons deslocamentos com as viaturas da ONU, em meu voo só havíamos eu e mais algumas caixas, que seriam descarregadas em Baucau.

Ao chegar ao aeroporto de Baucau, que outrora havia sido o maior de Timor, em virtude da extensão de sua pista de pouso, já havia um militar do MLG de Baucau, aguardando-me para os primeiros contatos e para o apoio.

Tratava-se do tenente-coronel Reza Hasan, do Exército do Paquistão, que residia no mesmo local onde meu quarto já estava reservado.

Meu antecessor já havia deixado o mês de setembro pago para que eu o ocupasse tranquilamente quando chegasse em Baucau.

O Reza, hoje um general paquistanês na reserva, revelou-se, naquele momento, uma pessoa de extrema tranquilidade. Aquele comportamento, de fato, deixou-me bem aliviado. Parecia que eu estava voltando para um lugar onde já trabalhara.

Normalmente, quando chegamos em novos locais, é normal uma ansiedade nos afligir frontalmente, lateralmente, ou seja, ficamos ansiosos e preocupados com tudo e com todos, de qualquer jeito. Isso é normal.

Sabemos que, de fato, as coisas não são tão difíceis quanto imaginamos na primeira vez, mas essas expectativas de algo novo fazem surgir aquele velho "frio na barriga".

O amigo Reza Hasan foi tão sábio que me tranquilizou logo naqueles primeiros momentos, tornando-se, inclusive, um grande amigo, com quem mantenho contato até os dias atuais. Ele sempre dizia *"relax, my friend!"*. Não há como esquecer essa atitude.

O local onde eu moraria alguns meses, pelo menos, era praticamente em frente ao *campound* da ONU, em Baucau. Ao sair da base, bastava caminhar uns 100 metros à esquerda de quem estivesse saindo e já chegaria na entrada do local.

Tratava-se de uma hospedagem com cinco quartos, todos com um banheiro, que um senhor, por nome Aleixo, havia construído no terreno de sua casa.

De fato, Aleixo morava em Díli e tinha propriedades em outras localidades do Timor, uma das quais em Baucau. Era um homem rico.

Ele sempre vinha a Baucau e ali tive algumas oportunidades de conversar com ele, pois ele ainda se lembrava de algumas poucas palavras do português.

Na acomodação, tínhamos roupa lavada e passada, o preço incluía o pagamento da água e da energia (embora isso nem fosse fiscalizado pela administração de Baucau). Além disso, podíamos usar a cozinha da casa onde ficava os parentes do Aleixo, que eram quem de fato residiam em Baucau. Cada quarto saía por 350 dólares.

Isso era um preço elevado, mas, considerando que não existiam opções adequadas como a casa do Aleixo, valia a pena.

Os quartos tinham também ar-condicionado e isso tornava a vida um pouco mais fácil.

Foto 5 – Minha acomodação: o quarto n.º 3

Fonte: o autor

Nos primeiros dias, eu fiz de tudo para deixar a parte interna mais cômoda e funcional para mim. Naquelas primeiras noites, nós nos sentávamos na varanda para tomar chá ou café.

Dentro do quarto, eu separei o local exato onde ficava a cama e montei uma espécie de sala-escritório na parte da entrada, com uma escrivaninha que o Sr. Aleixo me emprestou. Como a gente se comunicava com mais facilidade, eu pedi a ele uma escrivaninha, e ele me conseguiu uma.

Embora houvesse pessoas portuguesas no local, elas não eram muito de conversas com os timorenses e, assim, eu sempre levava vantagem em conseguir algumas coisas que ajudavam no meu conforto.

O Reza, claro, se aproveitava das regalias que eu conseguia com o Aleixo, pois estávamos sempre juntos. Sempre que ele me via de papo com o Aleixo, já vinha curioso para saber o que eu estava tratando com ele, pois certamente tinha algum proveito em termos da nossa moradia.

Naquele dia 18, instalei-me e comi alguma coisa. Após o horário do almoço, fui ao escritório dos MLG ali de Baucau e me apresentei ao chefe, conhecido como *Team Leader* (Líder da equipe), que era um tenente-coronel australiano, por nome Ron Baugartem.

Ron era muito atencioso, porém de fala extremamente baixa e com forte sotaque do inglês australiano. Por causa disso, praticamente não entendi suas palavras de boas-vindas.

Mas tudo bem; fui me comunicando como dava com ele. Ele reuniu os demais e fez uma rápida apresentação do novo MLO que chegara ao time.

Após isso, um outro MLO, um chinês, cujo nome de trabalho era Sun, fez uma caminhada interna no *campound* comigo e foi me apresentando aos demais funcionários que estavam lotados em Baucau.

Havia pelo menos uns 60 civis, incluindo os timorenses que também eram contratados pela ONU, mais os seis militares do MLG, que era meu grupo de trabalho.

Na minha chegada, os militares de ligação que integravam a equipe de Baucau eram: Ron, um oficial australiano (já mencionado), que era o chefe; o Sun, um major do Exército da China, na função de subchefe (*deputy*); o Reza, já dito, um tenente-coronel do Paquistão; Salahuddin, um major de Bangladesh; e um outro capitão, também de Bangladesh.

Na minha sala, ficavam o Ron e o major Salahuddin; na outra sala, os demais.

Foi assim que começaria minha aventura-trabalho pelo próximo ano em terras a doze fusos horários de diferença com o Brasil.

Projeto Integração com a Comunidade

O tenente-coronel Ron Baumgart, australiano, nosso chefe em Baucau, designou-me para cuidar da parte do pessoal, ou seja, controle das dispensas, trocas, realização da apresentação para novatos, de modo que logo já fui me entrosando e trabalhando com determinação e realizando-me profissionalmente.

Ainda na primeira semana em Baucau, para ser mais preciso, no segundo dia, 19 de setembro de 2009, começou um grande problema. Ron me convocou nesse dia e me disse que eu seria o encarregado de retomar um projeto que estava parado, que era tarefa dos oficiais de ligação: o "Projeto Integração com a Comunidade".

Tratava-se de um projeto para realizar cursos de inglês, informática, culinária e mais o que fosse possível, mas o único custo para a ONU seria o nosso trabalho.

Em suma, eu tinha que desenrolar um projeto que estava parado, mas não haveria pagamento de nada. Pensei que isso era um modo de treinar minha capacidade de relacionamento e o meu lado emocional.

Na hora em que o Ron me deu essa tarefa, eu apenas disse o tão badalado "yes, Sir". Por dentro, eu pensei que era meu fim. Antes de começar, já havia acabado.

Ia ser difícil, mas foi bom. Eu ia ter que falar mais em público e teria que conversar mais com o australiano. Era um desafio a cada conversa que travávamos. O inglês do meu chefe era "original", mas com um sotaque diferente do que eu estava acostumado e, para piorar, ele falava muito baixo.

Os outros colegas, vindos de países em que o inglês é uma segunda língua, mas não nativa, eu entendia e me comunicava com mais facilidade. O Ron, ai meu Deus! O Ron era uma luta!

Cheguei em casa aquele dia e, em vez de tomar chá com o coronel Reza, com quem compartilhava sempre um café ou chá, antes de voltar ao *campound*, fui falar com o Sr. Aleixo, o timorense dono do local onde morava e que entendia um pouco de português. Aleixo colocou a mão em meu ombro e me disse: "Malaio, desce a rua aqui e vai na igreja protestante que tem ali. O pastor é brasileiro!".

Aquilo parecia Deus abrindo um mar Vermelho para mim, e fiquei tão tranquilo que voltei para o chá, aliviado.

No dia seguinte, íamos sair para uma patrulha *over night* (com pernoite fora de Baucau) e retornaríamos no dia 24 de setembro.

A primeira coisa que eu faria após voltar dessa viagem seria uma visita ao missionário brasileiro.

Como planejado, logo que retornei, procurei aquele que salvaria minha situação. E salvou. Com uma semana, estava tudo pronto. Uma turma de inglês, uma de informática e uma de culinária.

No inglês, os oficiais de ligação seriam os professores; na informática, eu seria um facilitador com professores locais; na culinária, Raquel, esposa do missionário, era a ilustre professora.

O anjo que Deus colocou naquele momento em minha vida se chama Pedro Nilton de Moura, um homem que, por sua fé, deixou o Brasil em 2003 para levar uma mão amiga aos timorenses e que estava lá quando precisei.

Ele residiu até o ano de 2015 no Timor-Leste e voltou ao Brasil. Porém, em menos de um ano, foi convidado a regressar ao país em apoio a uma organização de Singapura. No mês de abril de 2016, ele retornou ao Timor-Leste e lá se encontra com sua família: esposa e mais dois filhos.

No total, já são quase 18 anos que o Nilton vive no Timor-Leste.

Temos contato até os dias de hoje. Em uma de suas viagens ao Brasil, em 2011, a primeira cidade que visitou foi Resende-RJ, onde eu residia.

Antes mesmo de ele ir para os seus em Manaus, tive a honra de recebê-lo em minha residência. Isso é prova da amalgamada amizade que ficou entre nós.

O apoio do pastor Nilton foi fundamental para o cumprimento daquela missão. A missão vinha sendo tratada há algum tempo, mas não saía do papel. Com a ajuda dele, conseguimos transformar aquele planejamento em realidade.

Foto 6 – Pr. Nilton, eu e o Ron, que era um dos professores de inglês

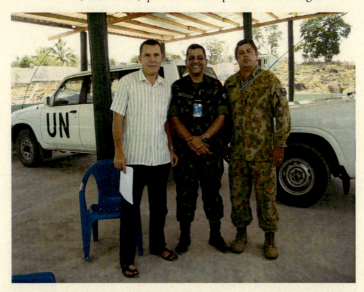

Fonte: o autor

Foto 7 – Ron e o intérprete Agostinho

Fonte: o autor

A rotina em Baucau: entre sucos, vilas e valados

A rotina de um oficial de ligação era simples, mas importante para as Nações Unidas.

Diariamente, tínhamos que sair e realizar entrevistas, previamente planejadas, com autoridades locais, líderes de vilas, administradores de distritos e subdistritos.

Com isso, nossa rotina se resumia a: chegar na base, verificar a escala de patrulha, realizar um rápido *briefing* com o outro que ia na entrevista (normalmente íamos em duplas, mais o intérprete), verificar o caminho exato e sair. Chegando ao local, realizar a entrevista conforme o modelo que a própria ONU fornecia e retornar à base.

Chegando ao nosso escritório, cada entrevistador fazia seu relatório e enviava ao nosso líder, o Ron. Ele, por sua vez, consolidava e enviava para o chefe de todo o grupo dos MLO em Díli. De Díli, seguia para o DPKO em Nova Iorque.

Daí, observa-se a relevância daquele trabalho feito no campo. Era de suma importância que atuássemos imparcialmente e verificássemos, de acordo com o roteiro, cada item da entrevista.

Esse trabalho foi a base de minha missão na UNMIT. Entrevistar pessoas era minha rotina diária, de segunda a sábado, por um ano.

Apenas para mantê-los um pouco mais ambientados com o cenário de trabalho, o Timor-Leste, como já mencionado, é dividido por distritos. Cada distrito tem seus subdistritos; e esses, seus sucos. Nos sucos, há as aldeias. Essas aldeias, locais extremamente pobres, formavam um suco.

Um suco, então, podia ser composto por duas aldeias, ou três ou mesmo cinco. Isso era bem diferente entre os sucos.

Com os mapas a seguir, pode-se ter uma noção da área que era coberta pelo escritório dos oficiais de ligação em Baucau.

Tínhamos o encargo sobre quatro distritos (Manatuto, Baucau, Viqueque e Lautem), ou seja, a metade do Timor. As distâncias não são grandes, mas as estradas eram péssimas, estreitas e perigosas. No mapa a seguir, pode-se ter noção da divisão do pequeno país.

Figura 4 – Mapa político do Timor-Leste em que se visualizam os distritos do país

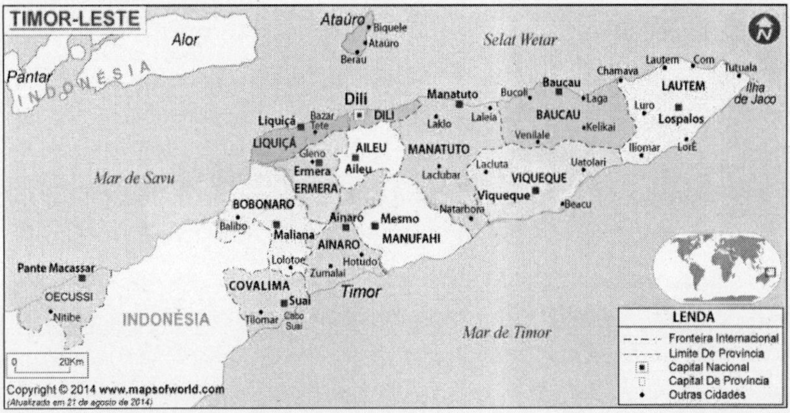

Fonte: http://pt.mapsofworld.com/timor-leste/

Minhas entrevistas e idas aos distritos eram muito similares, com algumas pontuais diferenças, em função do que ocorria ou do que sofríamos com relação ao cumprimento das tarefas diárias. Por isso, em muitos momentos, neste livro, o leitor perceberá que as linhas são tão somente uma fotografia do que fiz e quem visitei. Peço perdão e espero que isso não canse o leitor.

Assim, em uma visão bem geral de meu trabalho, apontarei, a seguir, cada tarefa realizada e onde a realizamos com as respectivas datas nesse meu período em Baucau.

No mês de setembro de 2009, além do que já citei, realizei as missões e tarefas que passarei a descrever. Quando for necessário, farei algum comentário específico.

No dia 22, desloquei-me para as vilas de Vemesse e Manatuto, no distrito de Manatuto, com os objetivos de observar, de monitorar e de facilitar as atividades desenvolvidas pela unidade de polícia, chefes de sucos e Polícia das Nações Unidas (UNPOL), visando às eleições de chefes de sucos previstas para o dia 9 de outubro de 2009. Como era comum, retornei no mesmo dia.

No dia 23, estive no suco de Tequino-Mata, no subdistrito de Laga, em Baucau. No dia 24, desloquei-me para a Vila de Iliomar, em Lautem, onde fui realizar entrevistas com os responsáveis pela Polícia Nacional do Timor-Leste (PNTL) e, no dia 29, ainda de setembro, estive nos sucos de Alawa Craik, Defawasi, Larisula, Lavateri, Samalari e Uacala, todos no distrito de Baucau, no subdistrito de Baguia, retornando no mesmo dia.

Nessas visitas do dia 29, uma dupla de monitoramento prévio das eleições, com civis, acompanhou-nos em nosso veículo.

Embora as distâncias em Timor sejam curtas, as condições das estradas eram, e ainda são, muito precárias, de modo que rodávamos menos de 150 km no total e só retornávamos de tardezinha.

Nos sucos, normalmente, a missão era entrevistar o chefe de suco. Quando o chefe não estava presente por alguma razão, nós então retornávamos.

Já em outubro de 2009, não houve muita diferença na rotina, exceto pelas eleições de chefes de suco, que estavam previstas para o dia 9 daquele mês e aconteceram como previstas, sem que houvesse qualquer tipo de problema que atrapalhasse um dos dias mais democráticos de Timor: eleição de chefes de suco.

Sim, chefes de suco eram eleitos, mas os chefes de distrito e de subdistritos eram escolhidos pelo presidente da República e não eram votados pelo povo.

Dentre os locais visitados em outubro, estive em Fatulia, no distrito de Baucau no primeiro dia do mês. No dia 3, fomos a Uatulari, em Baucau. No dia 6, em Baduro e, no dia 7, em Mainá 2, no distrito de Lautem.

Essas viagens eram cansativas, pois eram muito demoradas. Para cobrir cerca de 100 km no total, somado o tempo das entrevistas, levávamos quase um dia todo.

Logo no dia seguinte, uma ida ao suco de Ossoala nos deixou bem surpresos, tanto a mim quanto ao oficial da Marinha das Ilhas Fiji, o comandante Williame, que conduziu a entrevista com o chefe.

Tratava-se de uma pessoa muito carismática. Tinha o cabelo bem estiloso e volumoso, sendo visto de longe no terreno.

Ele me lembrou de um jogador de futebol brasileiro, já falecido, o Nunes. Aproveitei e conversei muito com ele sobre outros assuntos. Era muito amigável e, além disso, carismático.

Foto 8 – Equipe do chefe do suco de Ossoala e Williame

Fonte: o autor

Como dito anteriormente, um ponto alto nesse mês de outubro foram as eleições de chefes de suco e, nos dias 9, uma sexta-feira, e 10, um sábado, fomos cobrir as atividades das eleições para chefe de suco em Viqueque, sede de distrito, monitorando os sucos daquela região. Para nossa bela surpresa, aquilo foi um espetáculo de democracia.

Sobre essas eleições nos sucos, elas são denominadas "eleições de Liderança Comunitária". O órgão nacional que controla as eleições no Timor-Leste é a Comissão Nacional das Eleições, que tem, como braço executivo, o Secretariado Técnico de Administração Eleitoral (Stae). O Stae é, na verdade, o grande condutor das eleições.

Nas eleições dos sucos, são escolhidos, também, além do chefe de suco, um chefe para cada aldeia que compõe o suco, duas representantes das mulheres, dois jovens, um de cada sexo, com idade compreendida entre 17 e 30 anos, um ancião ou anciã, com idade superior a 60 anos, e um suplente para cada posição.

Existe uma figura em cada suco, conhecida como Lian Nain (uma espécie de conselheiro espiritual) que não integra a lista de candidaturas, mas é escolhido na primeira reunião de conselho de suco após a tomada de posse da lista vencedora das eleições.

Prosseguindo nas missões sobre o pós-eleições, estive, no dia 12, na sede da UNPOL em Manatuto, sede do distrito de mesmo nome, onde entrevistei o chefe do posto, um policial das Filipinas, buscando dados sobre relatórios das eleições a fim de confirmar que tudo havia sido tranquilo.

Nesse dia, acompanhou-me o tenente-coronel Reza, que acabou emperrando nossa viatura em um fosso de escoamento de água das chuvas. Conseguimos retirar aquela Nissan Patrol do buraco, usando sua tração traseira.

No restante do mês, tirando apenas as aulas do já mencionado projeto integração com a comunidade, as tarefas foram basicamente as mesmas. Assim, no dia 13 de outubro, estive no suco de Luro, em Lautem. No dia 14, em Mainá 1, também em Lautem.

No dia 15, fomos até um suco muito próximo de Baucau, Seical, em Laga, e fui como motorista.

Naquele dia, enquanto meu parceiro estava realizando a entrevista, aproximaram-se dois garotos para conversar, como sempre faziam.

Chamou-me a atenção que, devido ao fato de gostarem tanto de futebol, eles conheciam coisas do Brasil. Logo, me pediram para fazer uma foto com eles, e assim o fiz. Só que eles queriam colocar o gorro da ONU (o boné) e tive que pedir ao meu colega o dele emprestado para fazer a foto.

Era uma alegria para eles, mas confesso que meu coração se alegrava também, porque, de algum modo, eu os alegrava naqueles momentos que passávamos juntos.

Esses momentos, quando eu via o sorriso nos rostos das crianças, que eram felizes praticamente sem nada, eram o que mais me marcava ao longo do tempo. Não havia preço em ver tais cenas.

Foto 9 – Garotos em Seical, Laga

Fonte: o autor

Ainda em outubro, estive em Baguia, sede de subdistrito, e nos sucos de Alaua Craic e Defa Uassi no dia 16. No dia 19, o desafio foi chegar a Haeconi e Alaua Leten, pois não havia estradas específicas para esses lugarejos. Essas eram abertas, na marra, com nossas viaturas.

No dia 21, fui entrevistar o chefe do suco de Letemumo, outro suco de difícil acesso em Baguia, mas lá chegamos e de lá retornamos no mesmo dia, mas isso tomava o dia todo para ser realizado.

Voltando ao projeto integração com a comunidade, que estava sob minha direção, no dia 22 de outubro, iniciei as aulas de informática, parte que ficou sob meu encargo.

Era sempre bom estar naquele local, pois ali também havia a Igreja Evangélica Visão Cristã em Timor-Leste, bem como a casa pastoral. Após as aulas, normalmente, o pastor Nilston convidava-me para o café da tarde, que era regado a café à brasileira e pão de queijo. Eram momentos de muita alegria e paz.

Como não havia folga semanal no sistema de nosso trabalho, já expliquei sobre isso, era comum termos alguma entrevista aos sábados e, no domingo, fazíamos atividades administrativas no escritório.

Naquele sábado, então, dia 22, tive que realizar uma entrevista com o comandante de uma companhia Australiana que ficava estacionada nos arredores de Baucau.

Era estranho eu ter sido escalado para isso, pois tínhamos um chefe australiano e tínhamos outros militares cujo inglês era bem mais afiado do que o meu. Falar com australianos com sotaque carregado era muito difícil.

Esse era o caso daquele oficial, que comandava quase 200 homens e mulheres ali em Baucau. No entanto, também era um desafio para que eu pudesse melhorar meu inglês, o que naturalmente foi acontecendo.

Ainda naquele sábado, tive que ir até Laga, com o major Salahuddin, para realizar um deslocamento de reconhecimento. Era uma missão simples. Bastava irmos e voltarmos, sendo que nossa tarefa era observar e, mais tarde, relatar que estava tudo calmo e pacífico, e normalmente era assim.

Para fechar o mês de outubro, compareci com o tenente-coronel Reza Hasan no suco de Larissula, no subdistrito de Baguia. Os cerca de 40 km eram outro desafio a ser superado. Levava cerca de uma hora e meia para percorrê-los.

Era assim que meus dias se passavam, mas nunca havia um dia igual ao outro. Às vezes, para sair da rotina e termos algum entretenimento, íamos jantar no Restaurante do Miguel em dias da semana, ou, quando no domingo, almoçar na Pousada Baucau.

Aliás, era nessa pousada que, às vezes, pela noite, eu ia tomar um café expresso bem quente e comer algum doce português.

A Pousada Baucau era um hotel em Baucau e, considerando-se a pobreza da localidade, era uma acomodação extremamente confortável. Para morar, não era um preço que valesse a pena, a não ser como no caso do nosso amigo australiano, o chefe, já que o país dele o reembolsava pelos gastos com moradia e, por isso, ele podia se dar ao luxo de viver na Pousada Baucau.

Como tenho enfatizado, o trabalho de um *liaison officer* é muito repetitivo, mas, ainda assim, está longe de se tornar algo chato ou enfadonho, pois, embora fossem entrevistas com o mesmo formato, mudando-se apenas os entrevistados a cada dia, para nós, era uma grande experiência profissional.

Aquela nossa missão era um grande desafio: dirigir por estradas precárias, acompanhar de perto os sofrimentos do povo, devido à fraca economia do país, aprender a viver em meio à precariedade existente e, ainda, havia o objetivo de fazer o trabalho da melhor maneira possível e estender a mão amiga ao povo timorense.

Foto 10 – Frente da Pousada Baucau

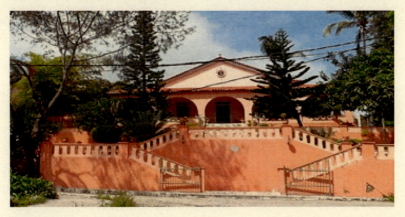

Fonte: o autor

Foto 11 – Restaurante da Pousada Baucau

Fonte: o autor

Desse modo, já chegava o mês de novembro. Com ele, mais entrevistas e patrulhas. Com ele, mais trabalho e ação, atuando sempre com a meta da paz.

Como já mencionada a amizade com o pastor Nilton, no meu primeiro dia de novembro de 2009, o compromisso foi participar de um culto muito interessante na igreja. Era dia de santa ceia. O culto de santa ceia é o dia para os evangélicos realizarem a comunhão.

Nesse dia, o comandante Williame, evangélico também, acompanhou-me no culto. O mais interessante nisso é que ele foi com o traje tradicional de homens em Ilhas Fiji: a saia.

Como se tratava de um evento formal, ele deveria vestir roupas mais formais. Era a primeira vez que via um homem com trajes tradicionais (uso da saia) pessoalmente.

Em Timor, isso não é comum, porém algumas roupas tradicionais masculinas são dobradas no corpo e se parecem com uma saia, ou seja, para o timorense, isso não era algo tão diferente.

Foto 12 – Comandante Williame orando na igreja Visão Cristã com o traje de Ilhas Fiji

Fonte: o autor

Algumas atividades especiais aconteceram naquele mês de novembro, já com dois meses deixados para trás. No começo do mês, nosso time recebeu o major Zia Khan.

O major Zia era de Bangladesh, pertencia à Arma de Cavalaria e tinha um espírito de corpo muito acentuado. Sabia muito bem trabalhar em equipe. Era um dos oficiais mais bem posicionados em sua turma de graduação e muito capaz no seu trabalho, claro que já dando mostras de ser bem diferente dos que ele viera substituir.

A recepção ao Zia se deu no mesmo dia que o oficial de Ilhas Fiji havia me acompanhado no culto, isto é, no dia 1º de novembro.

Estive, em novembro, em Waitame, subdistrito de Quelicai, Baucau; em Maluro, subdistrito de Viqueque, Viqueque; em Cacavem e Leuro, no subdistrito de Los Palos, Lautem; em Laga (ir a Laga era muito comum); Ma'abat, distrito de Manatuto; Com, no subdistrito de Los Palos; Builale, no subdistrito de Ossu, distrito de Viqueque; Builale, no subdistrito de Ossu, no distrito de Viqueque; Uaigae, também em Viqueque; Vemasse, distrito de Manatuto; Bahalarauan, no subdistrito de Viqueque, em Viqueque e, por fim, em Macalaco, no subdistrito de Quelicai, no distrito de Baucau.

Haja sucos. Haja entrevistas. Haja encontros e reencontros. Haja crianças vindo sorrir e dar-te boas-vindas. Esse foi um tempo que jamais será apagado de minha mente.

Ainda vale destacar que, no dia 12 desse mês, fizemos a despedida do coronel Reza Hasan (havia sido promovido a escritório no início de novembro), que iria assumir a chefia do time em Maliana, a sede do distrito de Bobonaro. Foi um jantar muito emocionante, pois ele era um oficial muito querido de toda a equipe.

Teve também uma atividade diferente nesse mês. Tive que acompanhar o oficial chinês para buscar uma de nossas camionetes em Díli, a de número 280.

De tempos em tempos, os veículos seguiam para uma manutenção mais detalhada, o que não era possível nas oficinas dos *campounds*. Fomos no dia 16 e retornamos no outro dia. Era sempre bom pisar em Díli e sentir, ao menos, um pouco mais de conforto.

O Reza havia se deslocado antes para Díli, para participar de uma reunião de chefes de escritório (ele iria chefiar Maliana) e voltou conosco.

Durante o regresso para Baucau, na altura da região conhecida como Metinaro, cerca de 40 km de Díli, nossa camionete foi parada por populares.

Havia muita gente. Todos muito agitados. Descemos muito rápido e logo percebemos que algum incidente tinha ocorrido. E era exatamente isso. Uma granada abandonada explodiu e acabou estilhaçando uma senhora e sua filha. Não tínhamos ninguém da área de saúde ou algum especialista em pronto-socorrismo, mas conseguimos amarrar o braço da mulher e acalmar sua filha. A filha não tinha hemorragia. O caso de sua mãe era mais grave.

O interessante nisso foi a reação do meu amigo Reza. Ele ficou preocupado, porque afinal de contas aquele tipo de missão não era previsto para nós, mas tivemos que ajudar e fizemos o torniquete.

Após algum tempo, chegou uma ambulância, que iria evacuar a mulher e sua filha até Díli. Dias depois, ligando para líderes populares de Metinaro, descobri que a mulher veio a falecer, mas a filha estava muito bem.

No dia 23 de novembro, houve uma missão que me foi atribuída justamente por ser falante da língua portuguesa. Estive na Secretaria de Saúde do distrito de Baucau, onde conduzi uma entrevista de rotina com o Diretor de Saúde do distrito de Baucau.

No outro dia, também indo a um órgão público, fui direcionado para o Departamento de Agricultura do distrito de Baucau, onde travei contato com o Diretor de Agricultura do distrito de Baucau. Claro que, em ambos os escritórios, a conversa era a mesma: estamos trabalhando!

Meu primeiro *leaving* – a dispensa da ONU

Apesar de tanta correria, o que eu mais esperava ainda nesse mês era minha autorização para viajar ao Brasil em meu primeiro *compensatory time off* — *leaving* (dispensas que a ONU concede).

A previsão era que eu deixasse Díli no dia 21 de dezembro e retornasse no dia 11 de janeiro. Como minha esposa estava grávida e o nascimento estava previsto para o início de dezembro, a ansiedade, aos poucos, começou a se transformar em motivação.

Estava muito entusiasmado com essa ida ao Brasil. Estava, também, cheio de histórias para contar. Finalmente, no dia 27, a tão esperada autorização chegou. Tinha que começar a arrumar as malas. Três semanas passariam muito rápido.

Em dezembro, foram seguidas as idas aos diversos sucos para as entrevistas e, o que também foi um diferencial, nesse mês, realizamos muitos contatos com a Polícia Timorense e com a UNPOL. Na realidade, vou me furtar de citar as idas aos sucos e vou direcionar essa narrativa para as visitas às unidades policiais.

No dia 3 de dezembro de 2009, desloquei-me para Los Palos, sede do distrito de Lautem, de onde fui para as vilas de Tutuala e Mehara, ambas no subdistrito de Tutuala.

CHEGADA E TRABALHO EM BAUCAU

Em Tutuala, tive que monitorar um trabalho da Polícia Nacional do Timor-Leste (PNTL) e entrevistar alguns agentes.

No dia 8, fui à Sede do subdistrito de Lautem, no distrito de Lautem, a fim de participar de entrevistas com o comandante da PNTL em Lautem.

Já no dia 9, outra ação de monitoramento (nada mais do que acompanhar alguma atividade da polícia) no Quartel da PNTL em Baucau, onde também aproveitei para trocar algumas informações com o inspetor comandante quanto à passagem de jurisdição policial da UNPOL para a PNTL, algo que estava em andamento.

No dia 10 desse último mês do ano, estive na Sede do subdistrito de Vemasse, no distrito de Baucau, a fim de entrevistar o comandante da polícia local.

A atividade, no dia 11, foi muito marcante. Nesse dia, saímos eu, o major Zia, além, claro do intérprete.

Fomos para a Vila de Uma-Quic, subdistrito de Viqueque, no distrito de Viqueque, para nos reunirmos com autoridades locais.

Essa pequena vila ficava na mesma estrada que cortava o subdistrito de Venilale.

Em Venilale, quando estávamos retornando de lá, aconteceu uma emocionante surpresa.

O major Zia perguntou-me se eu já tinha ouvido falar das cavernas japonesas que existiam ali em Venilale. Eu, obviamente, nunca tinha ouvido nada sobre aquilo. Assim, o Zia solicitou ao intérprete que nos mostrasse as cavernas quando passássemos por elas.

As cavernas foram construídas na pedra durante a II Guerra Mundial pelos japoneses. Eles as usaram para estocar suprimentos. Havia sete cavernas e todas eram interligadas.

O povo do Timor não as explorava e, ao que me parece, não as exploram com finalidades turísticas. Por causa disso, as cavernas ficam intactas e limpas.

Elas se localizam a cerca de 35 km da costa (Baucau), exatamente o que seria uma distância de segurança contra os tiros de

104

artilharia, que podiam ser executados por meio de navios inimigos. Isso é um pouco de história viva da II Guerra Mundial. Elas lá estão como um museu a céu aberto.

Como dito, aquele não é um sítio explorado para fins turísticos; e isso tem, claro, diversas explicações, uma das quais é a falta de infraestrutura para turismo no país.

Foto 13 – Major Vieira Silva em uma das cavernas

Fonte: o autor

Já no dia 16, o destino foi o subdistrito de Quelicai, no distrito de Baucau, a fim entrevistar o comandante da Polícia Nacional do Timor-Leste em Quelicai e, em seguida, para o suco Baguia, em Quelicai, onde participei de um evento com moradores da referida vila.

Nessa reunião com os moradores, eu peguei um saco de balas, que eu havia comprado para levar nas entrevistas, e fiz a alegria da meninada e dos adultos.

As crianças sempre apareciam do nada. Como era lindo isso! E elas estavam sempre sorrindo. Talvez essa tenha sido se não a mais bonita, uma das cenas mais bonitas de todo o tempo que estive no Timor.

No dia 19, que seria minha última tarefa do ano, fui entrevistar o comandante da Polícia da ONU (UNPOL) em Baucau. Ele tinha muitas informações para passar e estava feliz com a presença de um brasileiro em seu escritório.

Foto 14 – O autor distribuindo balas para as pessoas

Fonte: o autor

Na realidade, eu estava tão ansioso para retornar ao *campound*, fazer o relatório e ir para casa arrumar as malas que, assim que se encerrou nossa conversa, nem o café eu tomei.

Dia 20, logo pela manhã, saímos para Díli. Como um companheiro de nossa equipe tinha algo a fazer em Díli, eu aproveitei a carona e fui junto.

Chegando por volta do horário do almoço, fui diretamente ao escritório do chefe dos Militares de Ligação para a apresentação formal, de modo que já resolvesse isso logo.

No dia seguinte, o voo rumo ao Brasil começava com uma primeira parada em Bali, na Indonésia. Para sair do Timor-Leste, naquela época, somente pela Austrália, pela Indonésia (Bali) ou Singapura, mas esta era a pior hipótese, pois havia apenas dois voos semanais entre Díli e Singapura.

O Reza, que também iniciava seu *leaving* junto ao meu, havia me apoiado no sentido do preenchimento da documentação que autorizava a saída do país e a concessão da dispensa.

Do mesmo modo, o voo para seu país, o Paquistão, como o voo que eu tomaria para Cingapura, só sairia no dia seguinte à nossa decolagem de Díli. Essas imposições de horários de voos quase sempre nos forçavam a passar uma noite em Bali, pois os voos eram em pouquíssimos horários.

Fomos para o Vira Bali Hotel, local onde fiquei várias outras vezes no meu tempo da missão, pois, além de ser um hotel muito confortável, era próximo ao aeroporto de Denpasar (nome de fato da cidade, cuja ilha, sim, é Bali).

Após nos instalarmos, seguimos para o Shopping Center Discovery, próximo ao hotel, onde íamos almoçar.

Após o almoço, eu estava andando por uma loja, quando vi três pessoas falando em Português (do Brasil). Logo, reparei que uma dessas pessoas estava no mesmo voo de Díli para Denpasar. Fui até eles para conversar e acabei conhecendo o Erivelto Teixeira.

Erivelto era professor de biologia da Cooperação Brasileira no Timor-Leste. Ele ia passar uns dias em Bali. Já estava no Timor-Leste desde dezembro de 2008 e lá permaneceu até dezembro de 2010. Ficou dois anos na Cooperação.

A partir daquele momento, tornamo-nos amigos e sempre que eu ia para Díli a gente tomava um café e atualizava os assuntos. Erivelto, que é de Manaus, atualmente é professor na cidade de São Paulo e ainda meu amigo de cafés.

A passagem pelo Brasil seria simplesmente um grande teste de emoção, pois iria ver a minha filha recém-nascida (havia nascido no dia 9 de dezembro) e ainda íamos viajar para passar o Natal com meus pais.

Tudo muito corrido, mas muita felicidade. Todos que já experimentaram essa emoção sabem o que estou falando.

Os dias no Brasil não poderiam ter passado tão rápido. Dia 9 de janeiro de 2010, já com um novo ano e novos horizontes, lá estava eu saindo de Guarulhos, rumando para Dubai.

Esse era um voo de 13 horas (ou um pouco mais), que sempre era compensado pela alta qualidade da companhia aérea. Depois, mais algumas horas em Dubai. De Dubai, voo para Singapura, para Bali e, apenas no dia 11, saindo de Bali para Díli.

A companhia que operava o trecho Bali-Díli, a Merpati, sempre nos preparava "surpresas" nos voos, especialmente na aterrisagem.

Aproveitei aquele mesmo dia, pois a chegada se deu um pouco depois do horário do almoço, para ir direto ao Obrigado Barak, como já dito, o quartel-general da ONU em Díli, onde me apresentei ao chefe dos MLG.

Como sempre, alguém da equipe de Díli vinha nos buscar nas chegadas, já era o caminho natural passar pelo chefe.

No dia seguinte, tive tempo livre para tomar algumas providências em Díli, onde sempre era mais fácil a vida. No dia 13, segui por meio aéreo para Baucau.

A única novidade, nessa passagem pelo chefe, é que eu estava sendo proposto para ser o *deputy team leader* em Bobonaro, na localidade de Maliana.

Pessoalmente, não queria isso, pois viver em Díli seria mais fácil, já que era uma tradição um falante nativo de língua portuguesa passar metade de seu tempo no escritório de Díli.

Todavia, a missão de *"deputy"*, uma espécie de subchefe, seria uma ótima experiência. Isso, com certeza, era ideia do coronel Reza, que já havia me alertado da possibilidade de eu ir para Maliana.

Retomando a rotina: a medalha da ONU

Janeiro ia ser mais um mês comum, se não fossem a cerimônia de entrega de medalhas que ocorreria em nossa equipe e a minha segunda mudança de casa em Baucau.

A rotina de entrevistas e de patrulhamentos prosseguia. Parecia uma rotina chata, mas, na verdade, era sempre uma surpresa, porque nada se repetia. Havia, ao contrário, muita vibração e entusiasmo para executar as missões.

Eu havia me mudado, em novembro, da acomodação do senhor Aleixo para um pequeno apartamento, onde, no mesmo local, o proprietário alugava quartos separados em uma casa que ficava bem na frente do apartamento que eu havia ocupado.

Essa mudança foi, talvez, a única situação que eu vivi nas terras dos guerreiros Mauberes da qual me arrependi profundamente. Troquei um local excepcional, com um preço justo, por um local ruim (parecia ser bom) por um preço quase similar ao que pagava para o Aleixo.

Houve, num dia — logo na minha chegada nesse apartamento, em que eu havia recebido um grupo de cubanos em minha casa —, uma invasão de gafanhotos tão grande que tive que apagar as luzes e sair, para esperar que aquela invasão cessasse.

Sempre lembrava do nosso dito "se arrependimento matasse", pois deixei um local excepcional e não consegui retornar para lá, porque sempre estava cheio.

Quando algum morador ia sair de lá, já havia fila para ocupar. O próprio Reza me dizia sempre que eu havia tomado uma péssima decisão.

Um pouco antes de sair em viagem para meu primeiro *leaving*, eu havia estado na Albergaria Planalto, uma pequena e simples hospedaria, que havia exatamente em uma das entradas de Baucau, buscando um novo quarto para morar.

Não aguentava mais o apartamento em que estava. No entanto, só iria vagar um quarto no mês de fevereiro. Então, eu teria que esperar.

O meu antecessor na missão, o coronel Nonato, que se formou em Comunicações na Academia Militar em 1987, havia morado na Albergaria. Era um local bem arrumado e tinha café da manhã.

Tive, então, que escolher a Albergaria Planalto como minha terceira moradia em Baucau. Essa foi uma boa escolha.

Nesse mês, para manter a impulsão, estive em quase todos os distritos da região *lorosae*.

Estive no suco Sau, subdistrito de Manatuto, distrito de Manatuto, visitei o chefe do suco Samalari, no subdistrito de Baguia, em Baucau, participei de uma reunião com autoridades locais no suco Ossu de Cima, no subdistrito de Ossu, distrito de Viqueque, e finalmente chegou o dia de nossa cerimônia.

No entanto, como viria nosso chefe para a entrega das medalhas da ONU, a Daphne, nossa secretária em Díli, telefonou-me e pediu que reservasse dois quartos na hospedaria em que eu vivia.

Eu a orientei para ficar na Pousada Baucau, mas, segundo ela, o chefe, coronel Jeremy, queria ficar perto do *campound*.

Eles chegariam em um dia ao anoitecer, dormiriam em Baucau e, após a cerimônia de entrega de medalhas, iriam para Díli. Desse modo, ficou programada a chegada da equipe para o dia 19 de janeiro.

O chefe não quis programar nada para o jantar do dia anterior, mas os oficiais se juntaram e o levaram para um restaurante, dos três que existiam em Baucau. Claro que não é nada como você está pensando. Era um local muito simples.

Chamávamos de restaurante do Miguel, que se localizava na principal avenida de Baucau. Na verdade, ficava na mesma avenida do nosso local de trabalho. Era um pouco distante, mas bastava seguir adiante que chegaria no restaurante do Miguel.

Tivemos um belo jantar. Era raro ver o coronel Jeremy. Mesmo quando íamos a Díli, nem sempre o víamos. Ele era muito educado com a gente e sempre nos tratou com muito respeito.

Assim, como planejado, no dia 20, por volta das nove horas, o coronel Jeremy chegou com a Daphne e foram recebidos no pavilhão principal do *campound Baucau*.

O nosso chefe, nessa virada do ano, passou a ser o oficial da Marinha de Ilhas Fiji, o comandante Williame. Esse novo líder, que também era evangélico, foi o que esteve comigo com os trajes tradicionais de Ilhas Filji em uma ocasião especial na igreja.

O antigo líder, o australiano Ron Baumgart, havia sido substituído no dia 5 de janeiro, poucos dias antes de eu retornar. Havia encerrado sua missão. Eu já havia me despedido dele quando saí para meu primeiro *leaving*.

O comandante Williame realizou a recepção oficial do chefe dos MLG e o convidou para tomar um café na sala de reunião do *campound*.

Ali teríamos a cerimônia de entrega da medalha da UNMIT e um *briefing* do coronel Jeremy, abordando assuntos que tinham a ver conosco.

Foi uma bela cerimônia. Eu, de fato, tive um dos momentos mais vibrantes até aquele dia no Timor-Leste.

Foi um orgulho receber a medalha da UNMIT por estar mais de três meses na missão. Ao completar o nono mês, nós receberíamos o numeral 2, que seria colocado na mesma medalha.

Como isso sempre ficava próximo do fim da missão, o coronel Jeremy tinha um procedimento padrão. Ele fazia a entrega da medalha da missão numeral 2 na despedida do oficial.

Terminada aquela bela cerimônia e a reunião, a comitiva seguiu para Díli. Nem mesmo esperou o almoço em Baucau.

O que deu a entender é que iam para o escritório em Díli, porque tinham algumas providências para serem tomadas ainda naquele mesmo dia. A distância em si não era problema (125 km), mas as condições das estradas nem sempre ajudavam.

Foto 15 – *Team Baucau* aguardando o chefe

Fonte: o autor

Foto 16 – Major Vieira Silva recebendo medalha

Fonte: o autor

Foto 17 – Coronel Jeremy, Equipe Baucau e Daphne

Fonte: o autor

No entanto, como a vida no time não parava, tudo voltou ao normal. Lá estávamos nós olhando o quadro de entrevistas e patrulhas para saber quem sairia no dia 21.

Para mim, a próxima missão seria dia 22. Tive que ir até o quartel das Forças de Defesa do Timor-Leste em Baucau, onde conheci e entrevistei o comandante. Ele aproveitou a oportunidade e mostrou-me as principais instalações de seu quartel.

Nessas instalações do governo timorense, eu sempre me sentia em casa. Eram muito bons tanto o cafezinho quanto a conversa em português, pois, nos órgãos do governo, era mais comum achar pessoas que falavam o português.

Ainda em janeiro, tive que cumprir tarefas na sede do subdistrito de Laga e Venilale. Ao menos, nesses casos, tínhamos melhores resultados nas entrevistas, pois os administradores de subdistritos tinham, quase que sempre, mais informações que os chefes de suco.

Também, em janeiro ainda, receberam minha visita os Sucos Builale, no subdistrito de Quelicai, e Guruça, também no subdistrito de Quelicai.

Nos meus tempos mortos, no *campound*, isto é, nos dias em que não saía ou nas tardes, alguns dias e noites, eu aproveitava para fazer os cursos a distância oferecidos pelo Instituto de Operações de Paz da ONU, os quais, para quem estava em missão, eram gratuitos.

Nesse mesmo mês de janeiro, consegui concluir três desses cursos: 1) Comando de Operações de Paz das Nações Unidas; 2) Introdução ao Sistema da ONU: orientação para servir em uma Missão das Nações Unidas; e 3) Medidas de Segurança para "Peacekeepers" das Nações Unidas.

No dia 1º de fevereiro, saiu minha designação para ser o oficial de operações do Grupo de Oficiais de Ligação em Baucau, função que eu já estava exercendo desde o dia 13 de janeiro de 2010, quando o major Sun, o chinês, despediu-se do Timor-Leste.

Com isso, eu acumulava os planejamentos diários da equipe com a atribuição de oficial de engajamento comunitário.

A grande vantagem disso era que não se via o tempo passar. Com ele, os amigos iam se despedindo do Timor-Leste, à medida que novos amigos chegavam. Essa era a "toada".

De certo modo, eu deveria me incomodar com isso, pois minha hora chegaria também, entretanto, era um período de tantas atividades que não sobrava tempo para refletir sobre isso. O relógio não parava. O relógio também não dava trégua.

Eu estava um pouco preocupado com minha nova função em Maliana. Eu já tinha confirmado isso, mas a ordem escrita só sairia praticamente alguns dias antes do fim dos meus primeiros seis meses na missão.

Isso significa que eu deveria viajar em meu segundo *leaving* e, após o retorno, deveria me mudar.

Além de todas as demandas normais que a rotina me cobrava, nesse mês, tive que participar de um evento muito importante para mim. Foi, sem sombra de dúvida, uma das coisas mais emocionantes que me aconteceram nas terras Mauberes.

Eu tinha feito algumas indicações para que alguns militares brasileiros que estavam na UNPOL e o embaixador brasileiro no Timor-Leste, Edson Monteiro, pudessem ser agraciados com a medalha Cruz da Paz dos Veteranos da Força Expedicionária Brasileira e a cerimônia havia sido agendada para acontecer nesse mês.

Entretanto, como as entrevistas não paravam, e nem deveriam, pois eram a essência de nossa missão, estive em fevereiro em diversos sucos, distritos, bem como em escritórios de organizações.

Em outras palavras, mesmo tendo a atividade na embaixada brasileira, eu não parava para preparar nada. Além disso, eu tinha que solicitar autorização para o chefe dos MLG para participar de qualquer evento na embaixada do Brasil em Díli.

A lista começou com o Suco de Abafal, no subdistrito de Quelicai. Seguiu-se o subdistrito de Lautem, onde entrevistei o administrador. Visitei também o escritório da Fretilin em Baucau, um dos mais respeitados partidos políticos do país.

Era notório o espírito nacionalista dos membros da Fretlin. Eu sempre saía motivado das conversas com os integrantes desse partido, que, no passado, havia sido uma força de guerra.

Esse foi um mês com outra *Over Night Patrol,* para o distrito de Los Palos, e os subdistritos de Iliomar 1 e 2, em Lautem.

Observe que isso não parava e, tenho certeza, essa é a parte chata dessas memórias. O leitor se cansa lendo tanto nomes de locais em Timor-Leste, mas, se tais visitas e entrevistas eram a essência de nosso trabalho, eu não poderia simplesmente deixar de mencioná-las porque as considerava cansativas.

Conheci, nesse mês, a vila de Triloca, no subdistrito de Baucau, em Baucau; vila de Sagadete, em Laga, Baucau; Vila de Lifau, no subdistrito de Laleia, em Manatuto; Fatulia, em Venilale, Baucau; Lavateri, em Baguia, Baucau.

Ainda na lista de fevereiro: suco Bahamori, em Venilale; Hatu--Ralan, em Laleia, Manatuto; distrito de Quelicai, onde estivemos para um reconhecimento das estradas para a execução de novas patrulhas; vila Luca, no subdistrito de Viqueque, em Viqueque; Bucoli, em Baucau, Baucau e Gariuai, também no subdistrito de Baucau, tudo no distrito de Baucau.

No dia 15 de fevereiro, compareci ao escritório do Secretário de Águas e Saneamento de Baucau, onde fui muito bem recebido pelo secretário Marciano da Costa Ribeiro Belo, que já comandava aquela secretaria desde o ano 2000.

Alguns anos mais tarde, conversando com o missionário Nilton, fui informado que o Sr. Marciano havia falecido.

No dia 25 desse mês, mais uma vez estive na sede da UNPOL e PNTL em Manatuto. O chefe era filipino, sendo que demonstrava um alto grau de profissionalismo e dedicação à sua missão.

Como eu mencionei, uma atividade importante para mim, nesse mês, foi a entrega da medalha Cruz da Paz dos Veteranos da Força Expedicionária Brasileira (FEB) no dia 11 do mês, na Embaixada Brasileira em Díli. Essa medalha era concedida pelos Veteranos da Associação Nacional dos Veteranos da FEB, regional de Campo Grande/MS.

Foram agraciados o excelentíssimo senhor embaixador Edson Monteiro, o coronel da Polícia Militar do distrito Federal, Mario Júnior e o major da Polícia Militar do Maranhão, Aucery Becker.

O embaixador era profundo conhecedor de história e tinha um conhecimento diferenciado da história da FEB nos campos de batalha da Segunda Guerra Mundial, na Itália.

Ele ficou muito emocionado com a cerimônia. Ao fazer uso da palavra, lembrou-se de que, quando criança, em Macaé, no Rio de Janeiro, um vizinho de sua casa era um pracinha que havia combatido na Itália e que isso sempre o estimulou a conhecer e estudar a FEB.

Ele, de fato, deu uma aula sobre a FEB ao fazer seu discurso. Enquanto falava, podíamos observar seu semblante sensivelmente emocionado.

Isso me deixou muito entusiasmado e feliz. A medalha cumpriu a missão de reconhecimento a alguém que se dedicava à FEB.

Foto 18 – Embaixador Edson, coronel Mario e major Becker

Fonte: o autor

Foto 19 – Condecorando o embaixador

Fonte: o autor

Foto 20 – Embaixador em seu discurso

Fonte: o autor

     Aproveitei aquele mês para estudar e concluir mais cursos oferecidos pela ONU. Dessa feita, encerrei o curso de "Desarmamento, Desmobilização e Reintegração: princípios para o gerenciamento das Operações de Manutenção da Paz" e "Princípios das Operações de Apoio à Paz".

Chegou o mês de março e, com ele, a expectativa de uma nova viagem ao Brasil. Eu estava ansioso para rever a família. A mais nova da família era o novo xodó, e a saudade sempre apertava.

Nessa ocasião, eu estava desejoso de visitar o pessoal na AMAN, mesmo porque coincidiria com o período das Olimpíadas Acadêmicas, o que favorecia ver muitos amigos de trabalho em uma ou duas idas.

Entretanto, não poderia haver tempos mortos. O mês de março começou a todo o vapor para mim.

Logo no dia 1º, fui ao suco de Defa Uassi, no subdistrito de Baguia, em Baucau, onde tive uma reunião com autoridades locais. Nos dias seguintes, visitei o suco de Serelau, no subdistrito de Lautem, em Lautem, e o suco de Daudere, no subdistrito de Lautem, em Lautem.

No dia 5 do mês, conforme autorização de dispensa que já havia sido publicada no dia 20 de fevereiro, desloquei-me para Díli, apresentando-me no escritório dos oficiais de ligação, no dia seguinte, pela manhã.

À tarde desse mesmo dia, ou seja, 6 de março, embarquei rumo a Jakarta, Indonésia, de onde pegaria o voo para São Paulo, com conexão em Dubai. No dia 8, lá estava eu em Resende/RJ, abraçando minha esposa e filhas. Que sentimento bom temos em momentos como esses! Apenas quem os vive ou viveu entende o que está atrás dessas linhas.

Mais uma vez, em Jakarta, acabei conhecendo um professor brasileiro que havia ido participar de um seminário sobre meio-ambiente. Ele, também, era funcionário no Ministério do Meio-Ambiente. Esse eu perdi contato depois.

No período em que estive fora da missão, o nosso chefe em Díli determinou que publicassem o *Posting Order* (Posting Order n. 351), ou seja, a minha transferência para o Time de Maliana, no distrito de Bobonaro. Isso acabou sendo assinado no dia 18 de março de 2010. Não iria morar em Díli.

Passados os dias no Brasil, onde revi a família e muitos amigos de trabalho na AMAN, iniciei a "viagem-saga", para chegar a Díli no dia 24 de março. Dia 22, estava novamente em Guarulhos, para o embarque às 1:30, rumo a Dubai. Na verdade, tive que deixar Resende na tarde do dia 21.

No dia 24 de março, como previsto, cheguei a Díli e, no outro dia, em Baucau. Tempo para descanso não havia mais. Dia 26 de março, lá estava eu com meu parceiro, prancheta nas mãos, rumo ao suco de Bauro, em Los Palos, no distrito de Lautem.

No dia 29, como eu já esperava, foi publicado um novo *Posting Order*, mas, dessa vez, com a nomeação para ser o *deputy team leader*, ou seja, o subchefe da equipe onde iria passar meus próximos seis meses (*Posting Order* n. 352).

Desse modo, eu teria praticamente dois dias para me mudar. Não havia veículo para isso. Caso eu esperasse algum veículo de Díli, isso ia apenas me atrasar.

Decidi falar com meu grande amigo, o missionário Nilton. Como ele tinha uma camionete tipo SUV e sempre visitava as igrejas pertencentes à sua denominação, pedi que me levasse. Prontamente, ele aceitou, e, na manhã do dia 30, seguimos juntos para Díli.

Dormimos em Díli e, na manhã do dia 31, partimos rumo a Maliana. Lá, a primeira coisa a fazer seria almoçar na casa de outro missionário, o Kleber. Assim aconteceu. Depois de uma longa e atordoada viagem, com direito a uma parada para um café em Liquiçá, onde visitamos o missionário que lá residia, chegamos em Maliana por volta de 14 horas.

Lembro sempre que as viagens em Timor não eram (ainda não são) medidas pela quilometragem, como estamos acostumados, mas em tempo de viagem. Assim, os 153 km que separam Díli de Maliana (estrada que segue grande parte pelo litoral, ou seja, não é direta) eram cobertos em torno de quase quatro horas de viagem.

Já sentado, esperando para iniciar o almoço, o Reza telefonou-me e perguntou por que motivo eu ainda não havia me apresentado para ele. Achei meio estranho, pois havia combinado que, após o almoço, eu deveria ir para a residência e descansar e, somente no dia seguinte, eu iria para o escritório para as apresentações formais.

Porém, ele insistia nisso, até que eu parei de comer e lhe falei que estava indo. Ele percebeu que eu havia acreditado na sua conversa e comentou que estava brincando. Faríamos exatamente o que tinha sido combinado.

5

NOVOS DESAFIOS NA FRONTEIRA COM A INDONÉSIA

O NOVO PERÍODO E UMA NOVA REGIÃO: BOBONARO

Maliana

Agora, chegou o momento de começar o segundo tempo da missão. Chegaram mais responsabilidades, pois agora eu seria o *deputy team leader*, isto é, o subchefe da equipe. Havia um certo peso quanto a essa atribuição, em função de meu domínio da língua inglesa não ser considerado o mais avançado.

Claro que eu não tinha dificuldades para o meu trabalho diário, mas agora o encargo seria mais pesado. Mais reuniões, mais apresentações, enfim, as cobranças iriam aumentar.

A ideia do coronel Reza era que eu fosse seu subchefe e, também, o encarregado de planejar as patrulhas e as entrevistas. Assim, eu fiquei como subchefe e oficial de operações, como era o nome que dávamos ao encarregado de preparar o plano de entrevistas e as patrulhas.

As idas e vindas quase que diárias iam ser, basicamente, no mesmo ritmo que aconteceu em Baucau, mas aqui teríamos algumas mudanças.

A região de Bobonaro possui algumas peculiaridades geográficas que Baucau não possuía. Havia uma cadeia montanhosa bem mais alta e a fronteira com a Indonésia.

Sobre isso, periodicamente, tínhamos que ir até os pontos de fronteira para conversar com o pessoal do pelotão timorense, bem como com o pessoal do lado Indonésio, embora essas idas à Indonésia eram menos frequentes.

Dois distritos faziam a fronteira com a Indonésia: Bobonaro, cuja sede do distrito era Maliana, onde eu moraria por mais seis meses, e Covalima, cuja sede era Suai. Em Suai, havia outro escritório de MLG. Por essa razão, nesse distrito, nós não tínhamos nenhum tipo de trabalho.

O período em Maliana começou agitado. A região havia sido o primeiro distrito invadido, em 1975, pelos Indonésios, e a nossa atuação naquela área era muito dinâmica e constante.

Assim que me apresentei em Maliana, compunham o time daquela localidade, além do coronel Reza e eu, os seguintes militares: major Xu, chinês; major Karki, nepalês; o capitão Maruf, bengali; o capitão de fragata Marinho, brasileiro, e, finalmente, o major Syed, malaio (meu companheiro de teste de direção).

Os oficiais da Malásia, como eram falantes da língua indonésia (o idioma da Malásia é o Bahasa), ficavam o ano todo em equipes que estivessem na fronteira com a Indonésia. Assim, quando fui para Baucau, Syed foi para Maliana e lá ficou durante toda sua missão.

Pouco tempo depois, o chinês foi substituído por uma major filipina, piloto de helicópteros, a Ann Marie, o brasileiro já estava se despedindo para o distrito de Oecussi (ficamos uns quatro dias juntos em Maliana), o nepalês estava, também, sendo substituído, chegando em seu lugar o major Thapa.

Por fim, o capitão Maruf, bengali, foi removido para Baucau, e chegou, no seu lugar, o major Shahid. Fui, mais uma vez, presenteado por Deus, pois era uma equipe sensacional.

As ameaças dos ninjas e os incêndios

Assim que cheguei em Maliana, ouvi rumores de que, em alguns distritos mais próximos a Díli, como em Ermera e Aileu, estavam acontecendo problemas que, aparentemente, já não eram mais vistos em Timor.

Pessoas vestiam-se de ninjas e queimavam casas nas vilas. Outros, armados com espingardas, paravam nas estradas e nas trilhas para fazer revistas nas pessoas. Essa conversa havia tomado nossos papos diários, bem como dos populares em Maliana.

Eu cheguei a sugerir ao nosso *team leader*, coronel Reza, que nosso chefe em Díli poderia nos autorizar a ir até aqueles distritos (não estavam sob nossa jurisdição) e, lá, faríamos uma espécie de coleta de dados, para tentar comprovar se os boatos eram reais ou mesmo comprovar que eram, de fato, apenas boatos.

Ocorreu que, em uma primeira aproximação, nosso chefe levou um não de Díli.

Entretanto, alguns dias depois, já na segunda quinzena de abril, o coronel Jeremy ligou para o Reza, informando que iria mandar um documento com o pedido de algumas respostas e que ele enviasse uma equipe para Ermera e Aileu. Parece que os mesmos rumores já haviam chegado a Díli.

Como eu havia levantado o caso e dito que era voluntário para aquela missão, fui escalado para chefiar essa ida até aqueles distritos. Isso aconteceu com menos de um mês na nova área.

O problema estava em como planejar aquele tipo de missão, pois não era a característica de nossas saídas, entrevistas e patrulhas. Tive que planejar como uma atividade de inteligência, que chamamos de ação de busca. Assim, tive que preparar bem a equipe que iria até Gleno. Iríamos em dois veículos.

Entretanto, antes de sair para aquela missão, que seria fora de nossa área de jurisdição, praticamente teríamos outras missões importantes até o dia 26 de abril. Essa era a data prevista de saída para Ermera.

Estive, durante o mês de abril, sempre na companhia de outro oficial de ligação e do intérprete, em diversos pontos distintos de Maliana.

No dia 5 de abril, estive na aldeia Rainluli, no subdistrito de Balibo. No dia 6, desloquei-me para a aldeia de Gutadas, no subdistrito de Lolotoe. No dia 7, foi a vez da aldeia de Manunia, no suco Colimau, em Bobonaro.

No dia 8 de abril, estivemos no Ponto de Junção ALFA, em Batugade, no subdistrito de Balibo, na fronteira com a Indonésia.

Nesses pontos de junção, era muito comum a presença de policiais do Timor-Leste e da Indonésia, pois eram posições sobre a linha da fronteira. No caso da Indonésia, eles empregavam militares do Exército, mas o Timor empregava uma tropa específica para a fronteira, pertencente à Polícia Nacional de Timor-Leste.

Na fronteira entre a Indonésia e o Timor-Leste, existiam cerca de três pontos com a presença de tropas, em ambos os lados. Porém, a passagem oficial pela fronteira era apenas em Batugade, onde havia a presença de um pelotão das Forças Armadas Indonésias (TNI em indonésio), na localidade de Motaain.

Figura 5 – Mapa da fronteira da Indonésia com o Timor-Leste

Fonte: https://www.files.ethz.ch/isn/116501/B104%20Timor-Leste.pdf

Nessa ocasião, ficamos muito impressionados com a organização e a liderança do tenente Galihc, que nos mostrou instalações impecáveis, limpas e tudo muito bem-organizado.

Suas atividades de rotina e suas operações na fronteira eram todas expostas em quadros murais e muito bem-estruturadas.

Ficamos cerca de duas horas conhecendo tudo daquele pelotão indonésio. Essa foi outra atividade marcante.

Foto 21 – Tenente-coronel Usman, major Vieira Silva, tenente Galihc e coronel Reza, no ponto exato da passagem da fronteira

Fonte: o autor

Foto 22 – Os mesmos militares no gabinete do oficial indonésio

Legenda: Observa-se a organização nos quadros ao fundo e à direita dos militares em questão.
Fonte: o autor

Nesse ponto de Batugade, pelo lado timorense, estava sendo construída a instalação que iria funcionar como alfândega e controle de fronteiras e que, atualmente, já opera normalmente.

Do mesmo modo, nesse ponto, nos anos de 1999 a 2002, o Exército Brasileiro manteve um Pelotão de Polícia do Exército, destacado da companhia que se situava em Díli.

Foi nesse período, exatamente no ano 2000, que a atriz brasileira, Lucélia Santos, gravou um documentário de nome *Timor Lorosae*, que teve uma repercussão muito expressiva, tendo em vista a qualidade de pesquisas e de entrevistas que ela realizou.

Voltando à minha epopeia, que nunca parava, no dia 13 daquele mês, fui ao suco Lahomea, no subdistrito de Maliana e, dia 14, no suco Tebabui, no subdistrito de Bobonaro.

No dia 15, havia uma tarefa muito especial. Havíamos recebido uma demanda de Díli de levar um diplomata japonês nessa visita para conhecer o ponto de junção, Ponto MEMO, no subdistrito de Maliana.

Os comentários que ouvíamos era de que o governo do Japão tinha a intenção de enviar oficiais das Forças Armadas para atuarem na UNMIT em seus anos finais. Desse modo, o diplomata japonês iria nos acompanhar para conhecer um pouco do trabalho dos oficiais de ligação da UNMIT.

Além disso, os japoneses já estavam presentes no Timor-Leste desde os anos 2000, com a Agência de Cooperação Internacional do Japão (*Japan International Cooperation Agency*-JICA) e contribuíam muito com o desenvolvimento do país.

Ainda naquele ritmo, dia 16, estive em Dau Udu, no subdistrito de Cailaco; dia 19, em Rairobo, no subdistrito de Atabae; dia 20, no suco Leber, no subdistrito de Bobonaro; dia 21, no suco Lebos, no subdistrito de Lolotoe; dia 22, no suco Bobonaro (mesmo nome do distrito), no subdistrito de Bobonaro.

No dia 23, fizemos outro reconhecimento e outra ligação em mais um ponto de junção, em Leoheto, no subdistrito de Balibo, na fronteira com a Indonésia. Parecia que esse mês de abril não terminaria nunca.

Normalmente, nesses sucos e nessas vilas mais distantes, os problemas eram muito comuns: faltava uma logística eficaz para a distribuição de arroz e faltava apoio de saúde, por meio de postos de saúde móveis.

Porém, finalmente chegou o dia 26 de abril, e ocorreu nossa saída para Hermera. Essa seria outra missão sensível e que nos deixava um pouco tensos, pois não era uma tarefa de rotina e, como não era área de nossa jurisdição, não tínhamos contatos oficiais nesses locais.

Assim, o mais complicado, nessa preparação, era levantar nomes de pessoas em quem pudéssemos confiar e que nos falariam a verdade ao serem entrevistadas por nós. Obviamente, iríamos também passar e fazer contato com os policiais dessas localidades.

No entanto, a questão que preocupava nosso líder de time era o "como" aquilo seria cumprido. De que modo iríamos abordar as pessoas e tocar em assuntos que eram, até mesmo para a população, mais sensíveis?

Naquela semana do dia 20 de abril, em um dos dias que não precisei sair para entrevista, fui até a casa da Cooperação Portuguesa que havia em Maliana.

Chegando ao local, havia uma professora entrando na casa. Eu a chamei, para aproveitar a oportunidade. Ela veio nos atender. Éramos eu e o Shahid que ali estávamos, para fazermos algumas perguntas. Queríamos que ela nos passasse contatos, na região, que falassem português e em quem pudéssemos confiar.

Essa era a professora Dalila Maria, que nos deu as informações exatamente como pedimos. Além de passar o contato da Cooperação Portuguesa em Ermera, também nos passou nomes de pessoas que podiam nos ajudar. Ela foi extremamente útil àquela nossa missão.

Nesses dias do mês de abril, em uma das oportunidades que tive de almoçar em um pequeno restaurante, próximo ao conhecido mercado de Maliana — e que, aliás, era um local bem-organizado —, conheci dois portugueses da polícia portuguesa, que estavam em missão na UNPOL, ali no Timor.

Eram o Miguel Loureiro e o Hugo Soares. Fizeram o *induction training* e foram nomeados para Maliana. Foi um encontro muito feliz, pois se tornariam grandes amigos para meu resto de tempo em Timor... e para a vida. Ainda mantenho muito boas relações com os dois.

Eles me disseram que ficariam mais uns dias em Maliana e teriam de ir para um suco mais próximo a Díli, todavia, sem nenhuma estrutura como a que encontravam em Maliana.

De fato, assim aconteceu; porém, como não era possível a alocação de apoio de eletricidade e internet onde estavam, em dois meses regressaram para Maliana.

Ainda me recordo muito bem de que, no dia 25 de abril, um domingo, compareci ao hospital de Maliana para entrevistar o diretor, o Dr. Vitorino Berentalo, um timorense extremamente dedicado ao seu trabalho e a seu país.

Ele destacou muito os pontos fortes do hospital e lamentou por algumas dificuldades. Um ponto interessante que ele comentou foi que, naquela época, havia mais de 600 jovens timorenses cursando Medicina em outros países, para, após formados, regressarem ao Timor e cooperarem com o desenvolvimento do país.

Quanto à viagem do dia 26, já tínhamos nossos objetivos traçados. A viagem já estava autorizada pelo chefe dos MLG, em Díli, e podíamos seguir rumo ao distrito de Ermera.

Saímos bem cedo, no dia 26 de abril. A viagem, em si, foi uma aventura: distância relativamente curta, mas a estrada extremamente perigosa.

Houve estradas onde tivemos que passar que já não estavam mais sendo usadas pelos timorenses, em função do risco que eles corriam ao passar por elas. A região para onde iríamos fazia parte da cadeia de montanhas que corta o Timor, na parte mais centro-sul do país.

É nessa cadeia de montanhas que se localiza o ponto mais alto do Timor-Leste: o Monte Ramelau. Aliás, geograficamente falando, Ramelau pertence ao distrito de Ermera, local onde íamos passar durante aquele dia.

Passamos pelo suco de Atsabe, onde conversamos com um médico cubano, que não tinha ouvido nada sobre o tema que investigávamos. Depois, no suco Hatolia, fomos até o posto policial e, como sempre, fomos muito bem-recebidos pelo sargento Bosco.

Ele nos reportou que a área estava tranquila. Também informou que dispunha apenas de uma motocicleta e, mesmo assim, ela ficava mais tempo na oficina do que à disposição de sua equipe.

Com isso, o dia ia passando, e ainda tínhamos que chegar a Ermera, pequena cidade que levava o nome do distrito. Somente com algumas entrevistas em Ermera, seguiríamos para Gleno, onde passaríamos a noite.

A casa onde tínhamos previsão de dormir havia sido reservada pelo nosso intérprete, pois não havia local de hospedagem em Gleno. Era um senhor que alugava sua própria casa para situações como a nossa, mormente para estrangeiros. Porém, a família não saía da casa. Isso também foi outra aventura!

Poucos minutos antes de chegarmos em Ermera, nosso veículo passou por um buraco na estrada, que, na verdade, era mais uma caverna profunda para baixo (não era um buraco normal de desgaste, era como se fosse um túnel, feito na pedra da montanha).

Foto 23 – Buraco na estrada chegando em Ermera

Fonte: o autor

Chegamos na casa da Cooperação Portuguesa e fomos muito bem-recebidos por duas professoras e por um motorista que trabalhava para a Cooperação. Serviram-nos um café, com bolo e alguns pães. O oficial do Nepal, major Thapa, ficou muito feliz. Ele estava com muita fome e vinha, na viagem, reclamando de que não havia comido antes de sairmos de Maliana.

Como já tenho dito, o problema não eram, em si, as distâncias, pois, na verdade, são curtas, mas as condições de trafegabilidade. Tínhamos que tomar muito cuidado, para não corrermos riscos.

Naquele mesmo dia, deixamos Ermera e seguimos para Gleno.

Uma outra dupla também chegaria em Gleno, mas foi pelo caminho mais longo, que passava pela praia. Eram os majores Shahid (bengali) e Syed (malaio). Eles chegariam por volta das 18 horas, e sairíamos para jantar.

Nada de restaurantes tal como conhecemos. O que havia eram pequenas cozinhas, com algumas mesas simples, para, na verdade, basicamente, servir refeições a estrangeiros.

O detalhe é que, para jantarmos, devíamos avisar antes, de modo que eles se prepamariam para nos atender.

Normalmente, não abriam à noite, e era necessário que nosso intérprete ligasse para os donos antes, informasse quantas pessoas iam e a que horas chegariam ao local.

Feito isso, à hora combinada, fomos ao local para jantar.

A janta, como de praxe, tinha muito arroz e frango. Às vezes, havia alguma salada ou peixe, para complementar.

Foto 24 – Restaurante em Gleno

Fonte: o autor

Em Gleno, não tínhamos atividade prevista, de modo que, após o café da manhã do dia 27, retornamos para Maliana.

Nosso retorno seria tomando a direção para Díli e passando pela estrada que margeava as praias timorenses. Seria mais seguro usarmos a estrada principal que acessava Maliana.

O que mais nos marcou na casa em que ficamos hospedados é que, no jardim da entrada da casa, havia um túmulo, onde um dos ancestrais daquela família estava enterrado.

Quanto ao que buscávamos, nenhum dos informes foi comprovado. Era mais uma espécie de desinformação e de boatos, pois isso, de algum modo, sempre deixava o povo mais assustado.

Nossa atividade do dia 27 ainda previa uma reunião com o administrador do distrito de Atabae. Assim fizemos. Passamos por Atabae e, de lá, já pela tarde, seguimos para Maliana.

Promoção a tenente-coronel

No dia 30 de abril, conforme o sistema de promoções do Exército, estava prevista minha promoção ao posto de tenente-coronel. Entretanto, não era possível ter certeza da promoção antes que fosse publicada no Boletim do Exército. De qualquer modo, já havia alertado meu chefe, Reza, e a equipe de trabalho de que havia essa chance da minha promoção.

Sendo assim, no dia 30 mesmo, tomei conhecimento de que, por intermédio da Portaria n.º 295, de 28 de abril, seria promovido ao posto de tenente-coronel. Isso aconteceria, então, bem distante da minha família e dos meus amigos de caserna, ou seja, longe da minha unidade militar.

Entretanto, no dia 30 de abril, o coronel Reza achou por bem realizar um evento de entrega da divisa de tenente-coronel, realizando uma cerimônia bem simples, mas que marcou a data.

Tal cerimônia acabou sendo realizada junto a um jantar, oferecido pelo comandante da *Formed Police Unit* (FPU) de Maliana, que era também um militar do Exército Paquistanês, mas que operava na missão da ONU como parte de uma tropa policial. Era o tenente-coronel Usman, que havia acompanhado nossa equipe na visita ao posto de fronteira em Batugade.

Já havia passado um mês em Maliana. Quantos desafios diferentes foram superados nesse mês! Sempre que o tempo andava, aproximava-se mais uma dispensa, ao mesmo tempo que eu já refletia que o fim ia se aproximando.

A ideia de que um dia a missão terminaria afligia-me, de certo modo, porque estar no Timor-Leste, fazendo o que estava fazendo, trazia-me muita satisfação interior. Era muito prazeroso levar aquela ajuda, daquele modo, ao povo lorosae.

Após a cerimônia para marcar minha promoção, os oficiais da FPU ofereceram um jantar. Nesse jantar, ia acontecer uma *pegadinha*, e eu fui informado antes do que se tratava, para entrar na brincadeira.

A tropa da FPU havia recebido um novo oficial médico. Esse médico era filho de um líder religioso no Paquistão, país cuja religião majoritária é o islamismo. O islã proíbe o consumo de bebidas alcóolicas, e a brincadeira seria exatamente envolvendo uma suposta celebração com vinho.

Seria oferecido um brinde à minha promoção e à chegada do novo oficial.

A brincadeira estava no fato de que as garrafas eram de vinho, mas o que havia em cada uma delas era suco. Ao levantarmos as taças, não era para rir.

Encerradas as palavras do Usman para me cumprimentar e recepcionar o novo integrante de sua unidade, ele pediu que entrassem com o vinho.

Todos em silêncio, apenas observando. As garrafas foram trazidas, cada um encheu sua taça, e o médico, recém-chegado, parado em sua cadeira, imaginando que aquilo não podia ser verdade, arregalou seus olhos, rejeitando o "vinho".

Depois que todos riram à vontade, foi-lhe dito que era uma brincadeira e que aquele vinho ele poderia tomar, sem qualquer preocupação com sua consciência.

Viagem pela Ásia

Naquele início de maio, eu já contava com alguns dias de *leaving*, mas não seriam suficientes para uma viagem ao Brasil.

Conversei com o capitão de fragata marinho, outro brasileiro, que atuava na equipe de Oecussi, para saber se ele não tinha interesse de conhecer algum país asiático, pois a dispensa dele seria quase no mesmo período que a minha.

Tínhamos a intenção de visitar a Tailândia, mas, naquela época, o país estava mergulhado em uma crise política, em que os conhecidos "camisas vermelhas" tomavam as ruas quase diariamente. Achamos prudente desistir de ir à Tailândia.

Verificando bem as oportunidades, decidimos conhecer Hong Kong e Macau. Assim fizemos.

Ocorre que os dias do marinho não coincidiam exatamente com os meus, de modo que ele teve que sair antes. Nosso plano era nos encontrarmos em Bali, na Indonésia, e, de lá, seguirmos rumo a Hong Kong.

Com isso, eu ia tirar mais 12 dias de dispensa. Na minha mente, eu já estava com a ideia de uma viagem mais longa, em julho, para a Europa, onde encontraria minhas filhas, e de lá iríamos para o Brasil.

Assim, como estava planejado e autorizado, segui para Díli, no dia 4 de maio. Devia estar de retorno no dia 15.

Seriam bons dias aqueles, pois teria a oportunidade de conhecer, com mais detalhes, a cidade-país Singapura (eu já havia passado em trânsito apenas) bem como Hong Kong e Macau (essa última havia sido colônia portuguesa).

Se não fosse a missão que me foi atribuída a cumprir no Timor, certamente eu jamais teria conhecido esses locais. Esse descanso foi um excelente *compensatory time off*. Na verdade, ao conhecer locais e culturas tão diferentes da nossa, eu apenas me sentia cada vez melhor como ser humano.

Fim de descanso. No dia 17 de maio, então, eu estava voando de Díli para Maliana, retornando da dispensa e já me preparando para a série de entrevistas que se seguiriam.

Uma rotina que nunca era rotina

Logo na minha chegada, tive que entrevistar o chefe da polícia do subdistrito de Bobonaro sobre rumores quanto a possíveis distúrbios no dia 20 de maio, quando eles comemorariam a independência do Timor-Leste.

Ele mencionou que, na área de Bobonaro e Maliana, normalmente, não ocorriam problemas. As pessoas sairiam de suas vilas e dos sucos, em direção à praça central de Maliana, onde participariam das atividades comemorativas ao dia da Independência do país.

Realmente, no dia 20 daquele mês, Maliana foi tomada por famílias inteiras, idosos, pais, crianças, e todos festejaram pacificamente a independência nacional.

Como a rotina era a de sempre, no dia 19 de maio, estive no suco Aidabaleten, no Subdistrito de Atabae, estabelecendo contato com líderes comunitários, mas retornei no mesmo dia para Maliana. No dia 21, estive na aldeia Moleana, no suco Ritabou, em Maliana.

Nessa aldeia, no período em que o Exército Brasileiro mandou tropas para o Timor-Leste, ficou baseado um pelotão brasileiro, nas instalações de uma antiga escola de agricultura. Atualmente, essa escola está funcionando a todo vapor, tendo sido totalmente reformada.

Observe que nada muda. A mesma rotina, porém, sempre diferentes emoções e desafios.

No dia 26, estive nos sucos de Beboi Leten e Laclo, no Sub-distrito de Atsabe, no Distrito de Ermera. Dia 28, foi a vez da Aldeia Molegueng, no suco Oe Leu, em Bobonaro, onde conheci uma escola primária, cuja reconstrução já havia sido aprovada. a, em cujo local já havia sido aprovado um projeto para a reconstrução da escola.

Na verdade, era apenas um espaço construído na madeira. Professores heróis: isso foi o que eu vi naquele dia, pois o professor era voluntário e ainda não recebia salários.

Foto 25 – Escola Primária Molegueng em 2010

Foto 26 – Autor com o professor e com o chefe da aldeia

Fonte: o autor

Fonte: o autor

Fim de maio: mais uma etapa superada

As coisas estavam meio aceleradas. Parece que, em Maliana, o tempo corria mais que em Baucau.

Em junho, haveria fatos importantes para a minha vida profissional e pessoal, porém, alguns deles viriam de minhas entrevistas, e eu não os sabia ainda.

Foi o mês em que aconteceu a Copa do Mundo de 2010, e eu, mais uma vez em minha vida, estava, em um evento tão importante, longe de casa.

A Copa começou no dia 11 de junho e teve sua final no dia 11 de julho, tendo a Espanha se sagrado campeã mundial, derrotando a Holanda por 1 a 0. Meus amigos de assistência de jogos seriam os policiais portugueses e as professoras, também portuguesas.

Praticamente, eu sempre encontrava o Miguel e o Hugo para irmos tomar café na Cooperação Portuguesa. Assim, aproveitávamos para tratar de serviço também e trocar informações. Isso fazia os meus dias mais rápidos ainda.

Certamente, naqueles dias que antecediam junho, a nossa pauta mais repetida era a Copa do Mundo.

A nossa rotina de entrevistas e patrulhamento era, de fato, muito dinâmica. Nós não parávamos nunca. Era como se a vida se resumisse a fazer entrevistas.

Em meu ano no Timor-Leste, realizei mais de 100 entrevistas.

A entrevista do semestre

Junho, como já mencionado, mais uma vez, foi um mês extremamente corrido. Foram diversas idas e vindas e muitas entrevistas.

No dia 1º desse mês, estive na aldeia Magalelor, no suco de Ritabou, distrito de Maliana, onde conheci a estrutura de uma escola primária. Também se dizia que havia uma forte desnutrição com crianças da aldeia, mas isso acabou não sendo confirmado.

Dia 2, estive no Subdistrito de Cailaco, mas, desta feita, fui acompanhando o amigo que faria a entrevista com o chefe do distrito.

Naquela primeira semana de junho, porém, nós já tínhamos feito um planejamento para entrevistar o bispo Norberto.

Ele era o 3º bispo da Igreja Católica Romana, no Timor-Leste, e há pouco tempo havia assumido a diocese de Maliana. Como eu era o único falante de língua portuguesa de nosso time em Maliana, já estava designado para entrevistar o bispo.

Dom Norberto do Amaral foi ordenado bispo de Maliana, no dia 24 de abril de 2010, perante uma multidão, em Tassitolo, Díli. Depois do evento, ele seguiu em um cortejo para Maliana.

Os timorenses colocaram flores dos lados da estrada, desde Díli até Maliana, isso é: tratava-se de uma distância de quase 150 km (estrada que se segue pela praia) cercada de flores.

O responsável pela ordenação de bispo Norberto para a diocese de Maliana foi Dom Leopoldo Girelli, núncio apostólico para a Indonésia e o Timor-Leste. Acompanharam-no, na ocasião, os outros dois únicos bispos da Igreja Romana no Timor: Dom Alberto Ricardo da Silva, bispo de Díli, e Dom Basílio do Nascimento, bispo de Baucau.

Nessa cerimônia, estiveram presentes autoridades das diversas esferas do poder no Timor-Leste. Todavia, o então presidente da República, José Ramos-Horta, o primeiro-ministro, Xanana Gusmão, e o presidente do Parlamento Nacional, Lassama Araújo, não se encontravam em Díli e, por isso, não atenderam ao evento.

Desse modo, a partir da ordenação do bispo de Maliana, Dom Norberto do Amaral, a Igreja Católica Romana em Timor-Leste passou a ter três dioceses, condição para poder constituir uma conferência episcopal própria.

As outras duas dioceses, como mencionado antes, são a de Díli, a primeira a ser criada, e a de Baucau, cujos bispos foram anteriormente citados.

Como já tratado, o catolicismo romano sempre foi uma marca do povo timorense, herança recebida dos portugueses.

Porém, foi um longo caminho, desde a chegada dos primeiros missionários dominicanos, que enfrentaram momentos difíceis de perseguições e de destruição, particularmente no século XX. Primeiramente, as dificuldades ocorreram devido à invasão japonesa, na época da II Guerra Mundial, e, depois, já nos anos 1970, com a invasão da Indonésia.

A primeira diocese no Timor-Leste surgiu em 4 de setembro de 1940, por meio da bula *Solenizas Conventionibus*, do Papa Pio XII, que deu autonomia às missões católicas a leste de Malaca, criando uma diocese, com o centro em Díli. Foi então designada como catedral a Igreja de Nossa Senhora da Imaculada Conceição, em Balide, e nomeado vigário-geral o padre Jaime Garcia Goulart, logo ordenado bispo.

Assim, entendíamos que uma entrevista com o recém-ordenado bispo (o terceiro do país) enriqueceria sobremaneira o trabalho do nosso grupo de oficiais de ligação em Maliana.

Como o bispo Norberto falava com muita fluência a língua portuguesa (os padres em Timor falam português fluentemente), eu fui designado para entrevistá-lo, o que fiz, com muita honra e orgulho, no dia 5 de junho de 2010, um sábado.

Sobre o bispo Norberto, eis alguns fatos: ele frequentou a Escola Primária de Ainaro, de 1966 até 1971. Em 1971, entrou para o Seminário de São Francisco Xavier e o Seminário de Nossa Senhora de Fátima, em Dare. No tempo da invasão indonésia (1975), retomou os estudos no Externato de São José Operário, de Balide.

Em 1981, iniciou os estudos de Filosofia, no Seminário Maior de Ritapiret. Foi ordenado padre no ano de 1988, a 18 de setembro, na Igreja de Nossa Senhora de Fátima, em Ainaro.

Foi designado, em Maubisse, como vigário-cooperador. Em 1989, foi nomeado pároco de Maubisse, até o ano 2000, quando foi nomeado o primeiro reitor timorense do Seminário de Nossa Senhora de Fátima, em Balide.

Em 2004, foi enviado a Roma para fazer a Licenciatura em Teologia Dogmática na Pontifícia Universidade Urbaniana, tendo se hospedado no Colégio Pontifício Português, que é um organismo da Conferência Episcopal Portuguesa.

Regressando ao Timor-Leste, exerceu o cargo de docente no Seminário Maior de São Pedro e São Paulo, em Díli.

Em 2008, foi nomeado chanceler da Câmara Eclesiástica e, em 2009, foi nomeado diretor da revista católica Seara, ocupando o referido cargo até sua assunção na diocese de Maliana.

Vê-se, por meio de sua resumida biografia, que é um homem culto, preparado intelectualmente e que nos passaria valiosas informações e visões de mundo e do seu próprio país.

Relato, assim, os principais conhecimentos que obtive com a entrevista realizada. Ressalto que isso foi no dia 5 de junho de 2010, portanto, é provável que algumas coisas não estejam mais como eram na época da entrevista, e outras, mesmo mais de 10 anos depois, ainda estejam do mesmo modo.

Sobre alimentação, ele sentia muito que algumas pessoas enfrentavam escassez de alimentos, mas, segundo ele, ainda não tinha ouvido falar sobre pessoas passando fome no Distrito de Maliana. Frisou que as pessoas obtinham frutas, vegetais e animais por meio de culturas rudimentares, e essa era uma boa opção contra a fome.

Para o bispo Norberto, havia espaço para aprimoramentos de técnicas agrícolas para, assim, não depender do clima e da chuva, mas única e exclusivamente das próprias mãos dos agricultores.

Sobre a água potável, ele relatou que o sistema de tubulação que conduzia a água para as aldeias ainda era da época da invasão indonésia e havia necessidade de manutenção.

Ele acreditava que muitos projetos poderiam ser descentralizados, o que poderia facilitar a realização das obras locais. Segundo o bispo, o governo buscava evitar a corrupção com a centralização dos projetos, porém na visão dele isso podia se aprimorar por meio de controles específicos. Disse-me o bispo: "Quando as pessoas ficam sem água, sofrem os vários males que a falta de água lhes traz".

Quanto ao tema do desenvolvimento, ele relembrou que a Igreja Católica tinha um grupo de conselheiros no Timor-Leste, que estuda, dia após dia, a situação do país. Esse grupo tinha uma ligação dentro do governo e produzia vários pareceres e estudos sobre como melhorar o Timor.

O grupo também mapeava pontos fracos quanto ao desenvolvimento e muito mais recomendações, no que diz respeito à melhoria da situação do povo timorense. Segundo o bispo, na época da entrevista, seria importante que o governo desse mais atenção a esses conselheiros.

Outro ponto importante, para ele, era sobre as ONGs, empresas e outras pessoas que são contratadas pelo governo para realizar obras de infraestrutura. Para ele, esse era um procedimento que podia ser melhor executado. "Estes contratados vão aos diferentes locais para prestar o seu serviço, mas, na maioria dos locais, a autarquia local não sabe disso", disse-me o bispo. Prosseguia ele: "Na maioria desses casos, as obras não estão sendo concluídas e não há ninguém para cobrar dos empreiteiros, porque eles não concluem a obra. O governo deve ter gente na comunidade local para administrar esses projetos". Ele afirmou que havia muitos prédios novos, prontos para serem ocupados ou usados, mas, devido a alguns problemas com a empreiteira, isso não estava sendo feito. De fato, podíamos ver que isso era uma realidade no país.

Na maioria dos casos, as autoridades locais não sabiam nada sobre contrato, período, regras sobre o contrato etc. Para ele, seria mais seguro que os administradores locais soubessem as condições dos contratos em andamento, para fiscalizar melhor e ajudar no combate à corrupção.

Sobre a economia do país, ele acreditava que a descentralização dos recursos seria uma forma melhor para administrar os distritos e mencionou sua preocupação com a impossibilidade de as pessoas venderem sua produção.

O bispo mostrou-me que existiam dois fatores principais que dificultavam as pessoas para vender seus produtos locais: o primeiro deles eram as estradas. As estradas, de fato, apresentavam péssimas condições e criavam obstáculos para a circulação de mercadorias.

Ele deu um exemplo: um grupo de moradores plantou mandioca e teve uma excelente colheita, mas esse grupo não conseguiu acessar o mercado para vender. O motivo foi simplesmente um: as condições das estradas, que não permitiram o escoamento da produção.

O bispo mencionou que, alguns dias antes da entrevista, ele foi procurado por alguns moradores, que foram reclamar da impossibilidade de vender o arroz colhido. Porém, nesse caso, o problema era outro. As pessoas não tinham como comprar esse arroz dos plantadores porque não tinham dinheiro para isso. Muitas pessoas, na cidade de Maliana, não tinham renda permanente e, por isso, não podiam comprar a própria colheita do povo de Maliana.

Sobre o papel das organizações não governamentais, ele se mostrou um apoiador delas. Para o bispo Norberto, muitas ONGs podem apoiar seu povo, porque elas têm dinheiro e têm um bom relacionamento com o governo, e a maioria dessas ONGs está no campo e conhece a real situação. Poderiam, na sua visão, dar treinamento e capacitação em diversas áreas, o que contribuiria para o desenvolvimento do país.

Quanto ao tema lei e trânsito, o bispo enfatizou que muitos adolescentes pilotavam motocicletas, nas ruas, na maioria dos casos, sem capacete — e motocicletas sem espelho retrovisor, mostrando que não cumpriam a lei de trânsito. Por outro lado, a PNTL não tinha meios adequados para monitorá-los e aplicar-lhes multas.

Ele sublinhou que, durante cerca de 25 anos, o povo timorense viveu sob pressão, e muitas coisas, no passado, foram proibidas. Quando o portão da democracia foi aberto, em 2000, as pessoas viram que eram livres, mas não sabiam viver em liberdade e correram para o outro extremo. Na visão do bispo, esse seria um longo processo.

O bispo relatou-me que a igreja ensinava todos os dias. Aulas, treinamentos, missas, reuniões, em todas as oportunidades ensinavam às pessoas que regras e leis devem ser respeitadas.

O bispo, ainda, teceu mais comentários sobre o triste tema da violência doméstica e, de modo mais geral, outros aspectos da cultura e da sociedade timorenses.

Na conclusão, ele alertou sobre os idiomas no país. Na visão do bispo, a língua portuguesa ainda iria fazer sucesso no Timor, embora muitos apostassem no contrário.

Ele relembrou que língua portuguesa foi proibida por muito tempo no país e que, portanto, era normal existir uma rejeição. Todavia, com as novas gerações, uma grande maioria falará português.

Para o bispo, a língua portuguesa faz parte da história timorense. Em seu modo de ver, a língua portuguesa ajuda a língua tétum, em termos de estruturação gramatical, mais do que o inglês poderia fazer, e, por fim, o português é a porta de que o país precisa para participar na CPLP (Comunidade dos Países de Língua Portuguesa).

Isso é importante para o desenvolvimento do Timor, visto que estão incluídos, nesse grupo, alguns países que, de fato, podem ajudá-lo, como são os casos de Portugal e do Brasil, comentou o bispo.

Assim, encerrou-se uma das mais importantes entrevistas que realizei durante minha missão, como uma das atividades que mais me senti honrado em cumprir.

Foto 27 – Autor com o Bispo Norberto

Fonte: o autor

Idas e vindas de Díli

No dia 7 de junho, ou seja, na segunda-feira imediata ao dia de minha entrevista com o bispo, já estava eu em alguma estrada, na direção do suco Dato e do escritório do subdistrito de Liquiçá, em Liquiçá.

O administrador do subdistrito, recordo bem, reclamou, particularmente, da falta de escolas e da falta de materiais nas escolas que existiam. Ele reforçou que, desde os tempos do referendo realizado no país, havia a promessa de construção de escolas em Liquiçá; porém, não aconteceu isso.

As viagens, de fato, eram cansativas, devido à precária e perigosa situação das estradas.

Depois de Liquiçá, tínhamos que seguir para Díli, pois tínhamos encomenda de nosso time para apanhar na capital.

No dia 8, estive nos sucos de Eraulo e Gaugolo, no subdistrito de Letefoho, em Ermera, mas, como não era simples voltar para Maliana naquele dia, retornamos para Díli.

No dia 9, saímos pela manhã, retornando para Maliana.

No dia 14 de junho, estive no Departamento de Educação, em Maliana, para entrevistar o chefe regional do escritório do Ministério da Educação, senhor João Maupelo. Essa entrevista me causou uma extrema felicidade, por perceber que ele era um profissional muito comprometido com o que fazia por seu país e seu povo.

Conforme me relatou, o Ministério da Educação de Timor-Leste era, naquela altura, composto por cinco superintendências regionais. Cada escritório regional cobria dois ou mais distritos, onde existe o Departamento de Educação do distrito. Em Maliana, havia um escritório regional e um escritório distrital.

O Sr. João Maupelo enfatizou um problema causado pelo modo como era organizada a estrutura da educação do país. O sistema educacional, no Timor-Leste, era dividido em duas partes: a administrativa, que era totalmente centralizada e verticalizada, e a pedagógica, ou seja, a atividade-fim, que era, por sua vez, descentralizada.

Porém, na visão dele, como todas as decisões administrativas dependiam de Díli, a atuação dele, como gestor, ficava "congelada", diante de muitos problemas que ele vivia no seu dia a dia.

Segundo ele, esse era o maior obstáculo ao avanço e à melhoria da educação nos distritos, principalmente em Maliana, uma vez que ele não tinha competência para intervir.

Afirmou que, todos os dias, ouvia falar de falta de móveis, falta de banheiros dentro das escolas e muitas outras queixas, mas nada podia fazer. Uma proposta de alteração já havia sido envida para Díli, porém, o Ministério ainda não havia se manifestado.

Sobre os professores voluntários, eu comentei que havia conhecido um nas montanhas de Bobonaro, e ele então afirmou que, na verdade, existiam 168 professores voluntários na região, ou seja, aqueles professores que não recebiam salário. O governo havia elaborado um plano para contratá-los, pois, no Timor-Leste como um todo, eles eram mais de mil. Porém, mesmo que fossem contratados oficialmente, só iriam receber após a data de contrato, e o período já trabalhado não seria compensado.

O chefe do Departamento de Educação de Maliana, então, comentou sobre outros aspectos importantes, e eu encerrei aquela entrevista, saindo de lá muito feliz por ter conhecido outro herói do anonimato, como era comum, em minhas andanças pelo país.

As missões não paravam. E isso, de certo modo, afligia-me, pois eu sabia que meu tempo ali ia terminar e que, então, deveria regressar para o Brasil.

No dia 16 daquele mês, compareci à aldeia Daudelo, no suco de Meligo, em Cailaco, e, no dia 21, estive na sede da ONG Aliança Transformadora, que era de Singapura e tinha um brasileiro na direção.

Eles ministravam cursos diversos aos timorenses, sem custo algum. Alguns anos mais tarde, por volta de 2013 ou 2014, esse brasileiro retornou para Manaus, sua terra.

No dia 22 de junho, compareci ao Subdistrito de Bobonaro e, em seguida, à aldeia Tuluatu, que se localiza a cerca de 1 km da sede do subdistrito.

Nessa ocasião, o chefe do suco nos informou que os moradores estavam enfrentando uma escassez crítica de alimentos. Isso aconteceu devido a uma quantidade muito menor de chuvas naquele período de 2010, comparada com a de 2009. Por conta disso, o resultado da colheita de milho foi muito ruim. De modo geral, no Timor-Leste, o milho e o amendoim são culturas comuns para eles.

Nesse suco, em especial, em suas refeições diárias, eles consumiam milho, batata, mandioca e verduras. Muito poucas pessoas podiam pagar por arroz e consumi-lo.

O chefe do suco nos reportou que, em 2010, algumas pessoas tentaram plantar arroz, mas, na ausência de um sistema de irrigação adequado e na falta de chuvas, não obtiveram sucesso na colheita. Além disso, reclamou da diminuição da quantidade de arroz que era entregue nas aldeias, pois a saca passou de 35 kg para 25 kg.

Por fim, algo que me marcou profundamente nessa aldeia foi que, apesar de estar a 1 km da pequena cidade de Bobonaro, sede do subdistrito de mesmo nome, em épocas de chuvas não se podia realizar o transporte entre uma e outra, devido à precariedade da estrada.

No dia 25, segui até a aldeia Amandato, pertencente ao suco Balino Vila, no Subdistrito de Balibo. Não era comum entrevistar chefe de aldeia, mas, como havia muita reclamação de chefes de suco quanto à distribuição de arroz por parte do governo, foi-nos solicitado que comparecêssemos a uma aldeia.

O fato que ocorria era o de falta de estrutura para armazenar sacas de arroz nos distritos e, assim, permitir que os mais pobres tivessem acesso ao arroz que o governo vendia. A distribuição do arroz, por parte do governo, não era gratuita, mas tinha um preço bem abaixo do preço de mercado.

Como não existiam armazéns na maioria dos distritos, algumas pessoas que tinham boa renda compravam em Díli para revender em seus sucos, o que, no final, sempre prejudicava os mais pobres.

Mais uma vez, em junho, tínhamos que passar algumas noites em Díli, pois o retorno a Maliana era mais difícil do que seguir até

Díli. Recebemos ordem de seguir para Díli, e, nos próximos dois dias, íamos apoiar a equipe de Díli, realizando visitas a sucos que eram da jurisdição do time de Díli.

Portanto, naqueles dias seguintes, estive em um suco de nome Vavikinia, no subdistrito de Maubara e no suco Lissapat, no subdistrito de Hatolia, ambos no distrito de Ermera.

Como já mencionei, as reclamações dos líderes locais eram praticamente as mesmas: dificuldades para comprar arroz do governo, falta de postos de saúde, estado das estradas e outros mais específicos de cada lugar.

Retornamos a Maliana apenas no dia 1º de julho, tendo passado cinco dias em Díli.

Última viagem ao Brasil

A grande novidade, ainda naquele mês, foi a autorização que me concederam para a dispensa no mês de julho. Esse período seria muito proveitoso e, ao mesmo tempo, feliz, pois eu iria viajar para Portugal, onde encontraria minhas filhas Sarah e Geovana.

Após alguns dias na Europa, eu ainda iria para o Brasil rever minha esposa e a filha recém-nascida. O plano era ficar em dispensa de 14 de julho até o dia 8 de agosto.

Portanto, nada mudaria no mês de julho. O fato é que o período final da missão se aproximava. Já sentia que meu término de missão estava bem às portas. Após meu retorno desse *leaving*, eu teria apenas dois meses e alguns dias de missão.

Quanto aos meus desafios diários (era assim que eu me sentia: sendo desafiado a cada dia), fazer entrevistas, enxergar bem de perto o sofrimento dos timorenses e fazer os deslocamentos em estradas muito precárias eram os grandes gigantes a serem vencidos.

No dia 6 de julho, fui à aldeia Butiuk, no suco de Leber, subdistrito de Lolotoe em Bobonaro. Algo que jamais esquecerei dessa aldeia era o nome do seu chefe: Longuino Pereira Vicente. Esse sobrenome, Pereira Vicente, é o exato sobrenome de solteira de minha esposa.

Longuino reportou que, na sua aldeia, os moradores enfrentavam escassez de alimentos ao longo daquele ano, pois, devido à natureza rochosa do terreno, dentro e ao redor da aldeia, eles não podem produzir alimentos suficientes para seu consumo. Assim, a maioria dos moradores não podia consumir três refeições ao dia; mas, para superar isso, tinham milho, mandioca, feijão e carne de animais.

Como já havia sido reportado em outras entrevistas, ele comentou que estavam esperançosos de uma boa colheita, mas, como não houve, isso agravou a situação da pouca alimentação na aldeia.

Desde janeiro de 2010, apenas quatro famílias da aldeia, das 44 que lá viviam, estavam tendo arroz, porque podiam comprá-lo. Ele apontou que a maioria das pessoas, sendo muito pobre, preferia comprar apenas o arroz do Ministério da Agricultura, devido ao preço. Como havia intermediários e o preço ficava mais alto, a maioria optava por não pagar e, portanto, ficava sem arroz.

Além disso, ele relatou que crianças enfrentavam desnutrição grave, porém, não tinha mais detalhes sobre isso. Uma maneira, segundo ele, que tinham para superar fome e desnutrição era o abate de pequenos animais.

Como na maioria das outras aldeias (vilas) e em sucos, eles também venciam o problema do desabastecimento de água, buscando em locais próximos à aldeia, onde fosse possível encontrar água corrente.

Naqueles dias, estávamos conduzindo cerca de quatro entrevistas por dia, pois as distâncias, em Bobonaro, nos obrigavam a fazer assim. Duas seriam enviadas a Díli, no dia da realização, e as outras duas, no dia seguinte. Isso nos permitia ficar mais tempo sem ter que pegar as intransitáveis estradas de Bobonaro.

Assim, eu não sairia mais naquela semana, até o dia 13, quando seguiria para Díli. Foi, portanto, um mês que começou de modo tranquilo.

Com isso, viajei, no dia 13, para Díli, onde passei a noite no Novo Horizonte Hotel. No dia 14, pela manhã, fui até nosso escritório no *campound*, onde me apresentei ao nosso chefe dos MLG. Naquela mesma tarde, peguei o voo para Bali. Ia de Bali para Londres e, de lá, para Lisboa, onde encontraria minhas filhas.

Como já mencionado, essa minha dispensa se encerraria no dia 8 de agosto. Foi um momento muito feliz, pois reencontrei parte da família na Europa: além de minhas filhas Sarah e Geovana, a minha querida mãe, minhas irmãs e uma sobrinha estavam também lá.

Passado esse período de descanso e renovação, no dia 6 de agosto embarquei em São Paulo, rumo ao Timor-Leste, chegando no dia 8 de agosto em Díli.

Ainda Bobonaro

Apresentei-me, de retorno da dispensa, no escritório dos oficiais de ligação da UNMIT em Díli e, na manhã do dia seguinte, voltei para Maliana com um helicóptero da UNMIT.

A grande diferença, nesse momento, foi que, ao retornar ao meu escritório, o coronel Reza já havia se despedido da missão (sua despedida foi em 2 de agosto) e, por conta disso, assumi a função de chefe da equipe de Maliana. Seria um grande desafio, para mim, ocupar aquela nobre posição.

Como tudo era muito bem planejado, e a rotina diária não se alterava muito, em termos de preparação, nada foi complicado para mim. Ao contrário, realizei alguns ajustes administrativos na equipe e fiz algumas substituições nas funções dos membros do time.

A minha missão, no terreno, praticamente se encerraria no final de agosto, pois os primeiros dias de setembro seriam destinados ao *end of mission* (fim de missão), situação parecida com o *induction training*, mas, agora, as medidas seriam as necessárias para o desligamento da missão.

Desse modo, as saídas para patrulhas e entrevistas só aconteceriam no resto que eu tinha do mês de agosto.

No dia 10, portanto, desloquei-me para o suco Tapo, no subdistrito de Bobonaro, para entrevistar o chefe do suco. Como ele estava ausente, realizei a entrevista com o secretário do suco, o senhor Damião Gonçalves.

O que o Sr. Damião mais enfatizou quanto ao seu maior problema em Tapo, mais uma vez, foi o preço do arroz aplicado por pessoas que o compravam em Díli e o revendiam no suco.

No dia 12 de agosto, uma quinta-feira, desloquei-me para o subdistrito de Atsabe, onde realizei uma entrevista com o chefe de suco de Lasaun, senhor Agustinho Claudio Martins.

O que chamou a atenção, nesse dia, foi o horário em que comecei a entrevistá-lo: 11:30. Isso quer dizer que eu e meu companheiro estivemos quase três horas rodando até chegar a Lasaun, que dista cerca de 43 km apenas de Maliana.

Nesse ritmo da maratona de entrevistas a líderes locais, no dia 16, desloquei-me para o suco Lissadila, no subdistrito de Maubara, distrito de Liquiçá, onde, após realizar minhas entrevistas com o senhor Camilo Pereira, segui para Díli.

Como já mencionei, era mais seguro acessar alguns sucos do Distrito de Ermera pela estrada que saía de Díli. Desse modo, no dia seguinte, 17, fomos para o suco Coliate-Leutelo, em Hatolia, distrito de Ermera. Nesse mesmo dia, ainda pernoitamos em Díli.

O chefe do suco Coliate-Leutelo era, naquela ocasião, o senhor Abel Maia da Costa. O suco, como ideia geral, está localizado a cerca de 58 km de Díli. Situa-se na colina alta de Hatolia, cuja estrada principal é a mesma que serve para chegar a Gleno.

Porém, após a localidade de Ermera, sede do distrito de mesmo nome, é necessário conduzir em estrada secundária, sendo que o acesso ao suco é extremamente inseguro, e é cheio de fissuras ao longo da estrada.

Observe que, mesmo na estação seca, é transitável apenas se os viajantes estiverem em veículos 4x4. Por isso, ao longo de todo o ano, o povo do Coliate fica quase isolado do resto do país.

São três horas de Díli para se chegar ao suco. Na estação chuvosa, piora a situação do isolamento: Coliate-Leutelo torna-se totalmente inacessível.

No retorno a Maliana, no dia 18, passamos no Posto da Polícia Marítima, em Atabae.

A Polícia Marítima do Timor-Leste integra a PNT e está inserida no Sistema de Autoridade Marítima. É um braço especializado da Autoridade do Estado no Mar, em conjunto a outras entidades e a outros agentes do Estado.

Último *leaving*

Naquele meio de agosto, eu ainda tinha, como direito, sete dias de dispensa a serem gozados. Todavia, era um período curto demais para uma viagem mais longa, o que me fez optar por conhecer mais a fundo a cidade de Sydney.

Eu havia passado, em trânsito, pelo aeroporto de Sydney, no início da missão, o que não permitiu conhecer a cidade. Então, decidi aproveitar essa última dispensa para conhecer a maior cidade australiana.

Há uma confusão natural quanto à capital australiana: não é Sydney e nunca foi. No entanto, é uma das mais antigas e maiores cidades do continente, sendo o primeiro local formado por europeus na Oceania. A capital australiana é Canberra, que não tive a oportunidade de conhecer.

Por isso, e já em espírito de término de missão, parti para meu último *leaving*.

No dia 21 de agosto, segui em viagem para Díli, a fim de me apresentar ao chefe, por início de minha última dispensa, que se iniciaria no dia 23. A minha ideia era aproveitar o dia 22 para passear em Díli. Todas as vezes em que passava pela capital, eu não conseguia aproveitar o dia para conhecer a cidade. Dessa vez, eu teria o dia todo para andar pela cidade.

No dia 23, então, segui com o voo de rotina da ONU para a cidade de Darwin, no norte da Austrália. De lá, eu voei para Sidney, onde passei três dias. No dia 27, retornei para Darwin, onde fiquei até a manhã do dia 29, quando peguei o voo de retorno a Díli.

Foram sete dias muito interessantes e que, mais uma vez, permitiram-me conhecer novos locais, culturas e hábitos bem diferentes dos nossos.

Naquele mesmo dia, fui para Baucau. Lá, fui me despedir do missionário Nilton e de sua esposa. Fui agradecer por tudo o que eles fizeram por mim, em meu tempo de Timor, não só em Baucau, mas também no tempo que estive em Maliana.

Fizemos também uma reunião com as pessoas que frequentavam a igreja, e apresentei minhas despedidas e os meus agradecimentos. Foram momentos de muita emoção para mim. Retornei para Díli no mesmo dia, no final da tarde.

No dia 30, voei para Maliana, seguindo direto para o escritório, pois ainda tive algumas pendências para resolver naquele dia. O campo de pouso em Maliana, para os helicópteros, era ao lado de nosso *campound*, bastando atravessar a estrada que acessava Maliana, para aqueles que viajavam de Díli.

Dias finais em Maliana

No último dia de agosto e nos primeiros de setembro, eu não saí do *campound*. Nós tínhamos algumas entrevistas já consolidadas, e não necessitei sair até o dia 9 de setembro, aproveitando para finalizar algumas medidas administrativas e para despedir-me de autoridades e amigos em Maliana.

Houve um atraso de 10 dias para meu término de missão. Então, ainda teria que realizar algumas patrulhas em setembro.

No entanto, eu iria em algumas patrulhas como motorista, e não faria mais entrevistas.

Decorrente disso, no dia 9 do meu último mês no Timor-Leste, estive no suco Ritabou, Maliana, no distrito de Bobonaro. No dia 10, conheci a Escola Portuguesa de Maliana, que não ficava na área urbana de Maliana.

Na verdade, o acesso a essa escola era bem complicado. Tínhamos que atravessar um rio, passando com a camionete entre as águas e sobre as pedras, ou seja, uma escola de difícil acesso para quem ia de Maliana.

Nesses últimos dias, estive em alguns jantares de despedida, com destaque para o jantar que o comandante da unidade paquistanesa fez, com minha equipe, para apresentar suas despedidas.

A comunidade portuguesa de Maliana, ou seja, meus amigos policiais e as professoras da Cooperação Portuguesa, também realizaram um belo jantar de despedida. A cada dia que passava, de fato, eu sentia que chegava a hora da despedida da missão e desse país tão querido, Timor-Leste.

Os civis que trabalhavam em meu *campound* também me ofereceram um jantar de despedida. O Hans, um austríaco que falava português muito bem, pois a esposa era brasileira, organizou um churrasco para marcar minha saída do *campound* que ele chefiava.

O que me marcou, de fato, naquela minha última semana em Maliana, foi uma visita que fiz, com toda a minha equipe, às famosas águas quentes de Bobonaro. Como tínhamos um ritmo puxado de trabalho na semana, mesmo tendo ouvido falar muito das belezas naturais do local, eu ainda não tinha estado lá.

Aproveitamos um domingo, no começo de setembro, e fomos às fontes termais de Marobo, a vila próxima a Bobonaro, que deu o nome ao local.

Em 2010, o que havia em Marobo eram apenas as ruínas de um antigo resort, que não se sabia ao certo quem teria construído. Algumas fontes afirmavam que os japoneses o construíram durante a II Guerra Mundial, muitos outros diziam que os portugueses o criaram durante o período colonial.

A verdade é que o local é paradisíaco, as águas são sempre quentes e têm forte odor de enxofre, já que há placas vulcânicas na geologia da região.

Fotos 28, 29 e 30 – Águas quentes de Bobonaro

Legenda Foto 30: da esquerda para a direita, Syed (Malásia), Tariq (Paquistão), Ann Marie (Filipinas), Shahid (Bangladesh), Thapa (Nepal) e o autor.

Fonte: o autor

Dia 10 de setembro de 2010. Meu último dia em Maliana. Quão difícil foi subir naquela viatura *patrol* que me levaria até Díli! Parte do meu coração estava já fincada naquele lugar. Todavia, não me havia opção. Meu fim de missão estava muito próximo.

Aquelas seriam as minhas últimas quatro horas do trajeto Maliana-Díli, dentre as várias vezes que o realizei durante a missão. Não posso dizer da vida porque, em 2018, estive no Timor-Leste com minha família e, claro, fui até Maliana para mostrar para minha esposa e para minhas filhas onde eu estivera, durante o tempo de minha missão, naquele apaixonante país.

Foto 31 – Despedida oficial de meu time em Maliana

Fonte: o autor

O final do fim

Minhas atividades finais no Timor-Leste se passariam em Díli, a partir do dia 11 daquele mês. Apesar de tudo, o que parecia ser simples foi um período cheio de eventos.

Eu esperava a chegada do meu amigo, o major Evangelista, que viria para me substituir.

Estava prevista, para esses dias, a cerimônia no Quartel-General das Forças de Defesa do Timor-Leste, onde eu receberia a medalha Solidariedade de Timor-Leste. O embaixador brasileiro faria a entrega, comigo, da medalha Cruz da Paz dos Veteranos da FEB ao general Taur Matan Ruak, a alguns oficiais da Marinha Portuguesa, a integrantes da UNPOL e ao missionário Nilton.

Nessa ocasião, não sei por qual razão, o Novo Horizonte Hotel não tinha vagas para a reserva, e fiquei hospedado no Katuas Hotel, localizado no centro de Díli.

O Katuas era um hotel mais confortável e, claro, mais caro que o Novo Horizonte. O que chamou muito a minha atenção foi uma exposição que eles tinham, em uma parede do *hall* do hotel, com semblantes de idosos. Não sei se era propriedade do hotel ou se pertencia a algum artista timorense, só sei que eram muito bem-feitos e caracterizavam muito bem o sentimento das pessoas retratadas.

No dia 11, então, como previsto, apresentei-me no escritório dos oficiais de ligação da UNMIT, em Díli, para dar início ao processo de encerramento da missão (*check out*).

O primeiro documento que a Daphne me entregou era um formulário, o *Check-Out Form*, que, se pudesse ser traduzido, seria "Formulário de Final de Missão" ou "Formulário de Desligamento".

Era um formulário que continha todos os departamentos da UNMIT em Díli. Cada oficial de ligação ou qualquer outro membro da UNMIT que fosse desligado ou transferido da missão tinham de preenchê-lo.

Eu devia procurar cada responsável por setor e pedir sua assinatura, o que testemunhava que eu estava liberado por aquele departamento, ou seja, não tinha nenhuma pendência. No Exército Brasileiro existe algo parecido, a que se dá o nome de *Nada deve*.

Nisso, estavam incluídos os setores de transportes, financeiro, de saúde, de recursos humanos e muitos outros. Essa ficha devia ser toda assinada e devolvida para a Daphne.

Ela mesma que ia determinar o dia para eu fazer a peregrinação e colher as assinaturas, pois esse documento devia estar no bloco dos três dias finais, isto é, literalmente no bloco do "fim de missão".

Todo esse processo de fim de missão era cuidadosamente orientado pelo pessoal dos recursos humanos da UNMIT.

O chamado *end of mission* tinha início cerca de 45 dias antes da partida do oficial. A Daphne devia remeter ao setor de recursos humanos as informações do *liaison offcier*, contendo o seu destino, e todo o processo do check-out.

Todos os procedimentos para o desligamento deviam correr em três dias úteis, com já dito, sendo que a UNMIT, 10 dias antes do último dia, remetia um aviso de *check-out* para o escritório dos MLG.

Além do formulário *nada deve*, eu tive de remeter documentos com todos os dados do final da missão ao setor de finanças, para que fosse providenciado o exato pagamento relativo ao último mês, pois esse mês, normalmente, era incompleto, e isso era importante para o setor que nos pagava.

Um outro documento que o escritório devia enviar para a administração da UNMIT era a avaliação do desempenho do oficial que se despedia. No meu caso, a minha avaliação global terminou como *outstanding*, que era a nota máxima que se podia obter.

Somente depois que toda a parte administrativa estava liberada, o setor de passagens fazia a liberação do bilhete da passagem de retorno ao país de origem, que corria por conta da ONU.

Dizendo algumas palavras sobre o processo de fim de missão, estou de volta às atividades daqueles dias finais, dentre as quais, uma das mais importantes de toda a missão: eu seria agraciado com a medalha Solidariedade de Timor-Leste.

Essa comenda era concedida pelo governo do país. Na mesma cerimônia, haveria a entrega da medalha Cruz da Paz dos Veteranos da FEB ao comandante das Forças Armadas do Timor-Leste e a outras personalidades.

Como o embaixador possuía essa medalha, ele seria o paraninfo do general Taur, que, anos depois, viria a ser presidente do país e, atualmente, é o primeiro-ministro.

Simultaneamente aos eventos administrativos, eu ia encaixando as atividades que me restavam e cumprindo as formalidades e as despedidas finais.

Finalmente, veio o dia 13 de setembro. Chegou o momento ápice de meu período naquele país: ter o meu trabalho reconhecido por uma autoridade do governo. Foi também a minha oportunidade de despedir-me do embaixador Edson Monteiro e agradecer-lhe por todo o apoio que me proporcionou.

Nesse dia, logo pela manhã, os policiais da UNPOL, Miguel Loureiro e Hugo Soares, os amigos de Maliana, passaram pelo hotel onde eu estava hospedado e conduziram-me ao Quartel-General das Forças Armadas. Ambos seriam agraciados com a medalha Cruz da Paz dos Veteranos da FEB.

A cerimônia teve início às 10 horas e encerrou-se por volta de 11 horas, quando então o general Taur ofereceu-nos um coquetel.

O embaixador fez uso da palavra, o comandante das Forças Armadas fez uso da palavra e, assim, tivemos uma simples, porém muito emocionante cerimônia.

Foto 32 – General Taur, embaixador Edson Monteiro e o autor

Foto 33 – General Taur impondo a medalha no major Vieira Silva

Fonte: o autor

Fonte: o autor

Foto 34 – General Taur, embaixador Edson Monteiro, major Vieira Silva e os agraciados

Fonte: o autor

Havia, nesse período de 2010, uma equipe de seis militares do Exército Brasileiro capacitando as tropas de polícia das Forças Armadas.

O chefe dessa equipe era o major Glauber. Além desses militares, receberam a medalha Cruz da Paz dos Veteranos da FEB: o general Taur; o comandante Jorge Guerreiro, da Marinha Portuguesa; os policiais Hugo e Miguel; o 3º sargento da Polícia do Exército, Francisco, que era carinhosamente chamado de Chico; e o missionário Nilton.

No dia 14, mais precisamente, fui acionado pela Daphne para passar aquele formulário que os chefes de departamentos deviam assinar. Isso significava que meu fim havia chegado.

Se o *check-out* é feito em três dias úteis, significava que eles haviam comprado meus bilhetes para o dia 18 de setembro, sendo dia 17, portanto, o meu último.

Passei os três dias seguintes entre idas e vindas ao *campound* de Díli (Obrigado Barak), colhendo assinaturas e entregando documentos.

Estava programada uma cerimônia simples para que eu recebesse o numeral 2 da medalha da UNMIT, e fosse feita uma apresentação oficial do meu substituto, o Evangelista.

Como eu não devia nada, pois já havia me preparado para esse momento e fui entregando equipamentos e documentos que eram necessários, foi rapidamente colher as assinaturas. O mais difícil, em alguns casos, foi encontrar o responsável pelo setor para que assinasse meu formulário.

Chegou o dia 17, e lá estávamos nós. Fomos a uma área coberta do PX, e, ali, o coronel Jeremy conduziu a cerimônia de aposição do numeral 2 na medalha da UNMIT, comprovando que eu passara mais de nove meses em missão da ONU.

Fiz minhas despedidas oficiais, e o major Evangelista foi oficialmente apresentado como meu substituto. Naquele dia, o nosso almoço foi no Hotel Timor, e seria meu último almoço em terras Mauberes, pois meu voo era na manhã do dia 18.

Foto 35 – Apresentado minhas despedidas oficiais da missão

Fonte: o autor

Cortinas se fecham

É o fim. O fim de uma saga. O fim de um trabalho incansável e apaixonante. O fim de uma jornada.

Naquela manhã do dia 18 de setembro, deixei oficialmente o país que aprendi a amar.

Com voo de Díli para Singapura, depois para Doha, no Catar, e, finalmente, de Doha para São Paulo, eu fechei as cortinas da missão de oficial de ligação da UNMIT.

Essas, pois, são as minhas memórias. São reais, históricas, mas, ao mesmo tempo, "fictícias", pois tudo pareceu um sonho. Embora estivesse em missão oficial e fosse um trabalho altamente desafiador, tudo me pareceu um sonho.

Creio que, ao empregar toda a minha força e o máximo de dedicação ao povo timorense, tudo o que pudesse ser difícil foi transformado em algo prazeroso e, deixando de ser difícil, tornou-se desafiador.

Ofereço minha gratidão ao povo timorense, pois eu tenho a certeza de que trouxe muito mais que deixei.

Agradeço cada sorriso de uma criança timorense, cada despedida de um idoso e cada aperto de mão de confiança de um chefe político, dos dezenas que entrevistei.

Como dizia o já falecido narrador de futebol da rádio Bandeirantes Fiori Gilgiotti: "Fecham-se as cortinas, termina o espetáculo".

"Ba povu Timorense, Povu Maubere, Hau Nia klean gratidaun ba buat hotu nebe hau aprendi ho imi, no ba buat hotu nebe hela Iha hau Nia fuan laran".

"Ao povo timorense, povo Maubere, minha eterna gratidão por tudo o que aprendi com vocês e por tudo o que ficou em meu coração".

REFERÊNCIAS

[1] Nas Forças Armadas, oficial superior significa as patentes equivalentes à de major (no Exército e na Aeronáutica) e capitão de corveta (Marinha) e acima dessas, como tenente-coronel e coronel.

[2] GARAVELO, Tito Márcio; GARCIA, Hélio Carlos. **Geografia dos continentes**: Ásia - 2º grau. 1. ed. São Paulo: Scipione, 1997, 102p.

[3] Ver referência 3.

[4] LINS, Alexandre de M. Borges. Palestra sobre o Timor-Leste ministrada para alunos da Escola de Aperfeiçoamento de Oficiais pelo Instituto Rio Branco. Rio de Janeiro, 1999.

[5] MOURA, Aureliano P. de. **Missões de Paz que tiveram a participação brasileira**: material didático para o Curso de Preparação ao Concurso da ECEME. Rio de Janeiro: Clube Militar, 2003, 122p.

[6] RAM, Sunil. **The History of United Nations Peacekeeping Operations Following the Cold War**: 1988 to 1996. Williamsburg: Peace Operations Training Institute, 2006.

[7] Ver referência 5.

[8] Ver referência 6.

[9] Disponível em: https://pt.wikipedia.org/wiki/Taur_Matan_Ruak. Acesso em: 21 jun. 2018.

[10] Matan Ruak é casado com a Dr.ª Isabel da Costa Ferreira, uma jurista que trabalhou na área dos Direitos Humanos e, entre as várias funções relevantes, foi vice-ministra da Justiça. O primeiro-ministro tem duas filhas, Lola e Tamarisa, e um filho, Quesadhip. Ele fala três línguas (dialetos) de Timor-Leste (tétum, naueti e makasae), além de português e inglês. Disponível em: http://timor-leste.gov.tl/?p=18768. Acesso em: 25 jan. 2021.

[11] Ver referência 7.

REFERÊNCIAS

[12] RAM, Sunil. **The History of United Nations Peacekeeping Operations from retrenchment to resurgence**: 1997 to 2006. Williamsburg: Peace Operations Training Institute, 2007.

[13] Ver referência 10.

[14] Ver referência 10.

[15] Disponível em: https://www.gov.br/mre/pt-br/assuntos/relacoes-bilaterais/todos-os-paises/republica-democratica-de-timor-leste. Acesso em: 25 jan. 2021.

[16] UNMIT. Disponível em: http://www.un.org/en/peacekeeping/missions/unmit/background.shtml. Acesso em: 6 jan. 2013.

[17] Disponível em: https://bdm.unb.br/bitstream/10483/8214/1/2014_IvensManuelFranciscoGusmaodeSousa.pdf. Acesso em: 25 jan. 2021

[18] Disponível em: https://www.gov.br/mre/pt-br/assuntos/relacoes-bilaterais/todos-os-paises/republica-democratica-de-timor-leste. Acesso em: 25 jan. 2021.

[19] Disponível em: http://timor-leste.gov.tl/?p=33. Acesso em: 25 jan. 2021.

[20] TIMOR LESTE. Governo do Timor Leste. **Planejamento Estratégico de Desenvolvimento 2011-2030** – versão encaminhada ao parlamento. 1. ed. Díli, 2010. Gabinete do Governo do Timor Leste.

[21] Disponível em: http://tatoli.tl/pt/2020/02/20/conselho-de-ministros-aprova-resolucao-sobre-extincao-de-grupos-de-artes-marciais/. Acesso em: 31 jan. 2021.

[22] Disponível em: https://pt.knoema.com/atlas/Timor-Leste/topics/Demografia/Faixa-et%c3%a1ria/Idade-m%c3%a9dia-da-popula%c3%a7%c3%a3o. Acesso em: 1 fev. 2021.

[23] Disponível em: http://timor-leste.gov.tl/?p=16548&n=1. Acesso em: 26 jan. 2021.